HERMANN EICHLER

Die Verfassung der Körperschaft und Stiftung

Schriften zum Bürgerlichen Recht

Band 100

Die Verfassung der Körperschaft und Stiftung

Von

Dr. jur. Hermann Eichler
em. o. Professor an der Universität Linz

DUNCKER & HUMBLOT / BERLIN

CIP-Kurztitelaufnahme der Deutschen Bibliothek

Eichler, Hermann:
Die Verfassung der Körperschaft und Stiftung / von Hermann Eichler. – Berlin: Duncker und Humblot, 1986.

   (Schriften zum Bürgerlichen Recht; Bd. 100)
ISBN 3-428-06089-X

NE: GT

Alle Rechte vorbehalten
© 1986 Duncker & Humblot GmbH, Berlin 41
Satz: Klaus-Dieter Voigt, Berlin 61
Druck: Werner Hildebrand, Berlin 65
Printed in Germany
ISBN 3-428-06089-X

Vorwort

Die Studie ergänzt die Abhandlung „Personenrecht", 1983. Die Verbindung der historischen mit der dogmatischen Betrachtungweise führt die damals angewandte Methode fort.

Mit beiden Abhandlungen kreuzte sich ein weiteres Buch des Autors „Verfassungsbewegungen in Amerika und Europa", 1985. Diese Arbeit gab Veranlassung, dem Verfassungsgedanken im Körperschaftsrecht und Stiftungsrecht Raum zu geben. Die Grundstimmung und Grundidee waren, die Menschen als Individuen der sie umgebenden „Welt" und als Mitglieder der „verfaßten" Ordnungen des Zusammenlebens zu begreifen.

Linz - Wien, Frühjahr 1986

Hermann Eichler

Inhaltsverzeichnis

1. Hauptteil
Vom Spital zur Stiftung

I. Korporation – Anstalt – Stiftung 9
   a) Rechtshistorische Vorbemerkungen 9
   b) Antike Vorstufen 10
   c) Eigenkirche und Eigenstiftung 12
   d) Das kirchliche Spital 13
      1. Das klösterliche und altstiftische Spital 13
      2. Das bruderschaftliche Spital 16
      3. Das Spital der ritterlichen Spitalorden 17
   e) Das bürgerliche Spital 19
      1. Grundlegung 19
      2. Spital a. Phyrn in Oberösterreich (Hospital und Kollegiatstift) 22
      3. Wiener Spitäler und Erblaststiftungen 24
      4. Bürgerspitalstiftungen und Bürgerspitalfondsstiftungen in Österreich 25
      5. Das Heiligengeisthospital von Wismar 27
      6. Das Heiliggeisthospital von Nürnberg 30

II. Die Stiftung der Fuggerei in Augsburg 34
      1. Der Stiftungsbrief von 1521 34
      2. Die Testamente der Familie Fugger 36

2. Hauptteil
Die kodifizierte Körperschaftsverfassung

I. Korporationen und Stiftungen im ALR 37
   a) Das System des ALR 37
   b) Corporationen 38
   c) Stiftungen auf korporativer und familienrechtlicher Basis 41

II. Die Entwicklung des Verfassungsgedankens in der Körperschaftstheorie 44
   a) Genossenschaft, Körperschaft, Mitgliedschaft und Organtheorie 44
   b) Gliederung der Körperschaften 46
   c) Zur Geschichte der Körperschaft und Korporation 47
   d) Der Einfluß des Pandektenrechts 48

III. Körperschaft und Verein 49
   a) BGB 49
   b) ABGB und ZGB 56
      1. ABGB 56
      2. ZGB 59

IV. Die systematische Rechtsstellung der Körperschaften des öffentlichen Rechts 62
    a) Überblick 62
    b) Fortsetzungszusammenhänge 65

3. Hauptteil
Die kodifizierte Stiftungsverfassung

I. Die Verfassung der gemeinnützigen Stiftung nach österreichischem Bundesrecht 67
    a) Gesetzessystematik 67
    b) Stiftungserklärung 69
    c) Organisation 71

II. Die Stiftungsverfassung nach dem BGB 73
    a) Die Theorie der Stiftungsverfassung 73
    b) Die Körperschafts- und Stiftungsverfassung in den Materialien 74
    c) Das Fundament der Stiftungsverfassung 77
        1. Stiftungsgeschäft, Verfassung und Satzung 77
        2. Gründung und Genehmigung 81
        3. Organschaft 83
    d) Die Stiftungsarten 85
        1. Der Grundtypus und die Erscheinungsformen 85
        2. Die unselbständige Stiftung als „Treuhand" 88
        3. Systematik 90

III. Die Stiftungsverfassung nach dem schweizerischen ZGB 91
    a) System 91
    b) Das Stiften und das Widmen 93
    c) Die Errichtung der Stiftung 94
        1. Der Grundtypus der Stiftung 94
        2. Die Familienstiftung und die Unternehmensstiftung 97
        3. Die kirchlichen Stiftungen 99
    d) Die Personalfürsorgestiftung 101
    e) Die Verwaltung der Stiftungen 103
        1. Organisationsformen im allgemeinen 103
        2. Die unselbständigen Stiftungen im BGB und ZGB 104
        3. Überleitung zum ZGB 106
        4. Die Analogie 108
    f) Die Behindertengruppe als Stiftungsbegünstigte 109

Literaturverzeichnis 110

1. Hauptteil

Vom Spital zur Stiftung

I. Korporation – Anstalt – Stiftung

a) Rechtshistorische Vorbemerkungen

Der Einfluß der mittelalterlichen Korporation auf die kirchlichen Stiftungen ist sowohl in rechtshistorischen als auch in kirchenrechtlichen Betrachtungsweisen der verschiedenen Zusammenhänge derart oft geschildert worden, daß hierauf ohne weiteres Bezug genommen werden kann. Auf die Annäherung der römischrechtlichen Stiftungen an die Ansätze von Körperschaften wies bereits der Begriff „pia corpora" hin. In der Neuzeit sind die beiden Phänomene systematisch getrennt, aber in der Klammer der juristischen Person wieder zusammengefaßt worden, obwohl sie ihrem Wesen nach unter Berücksichtigung der geschichtlichen Entwicklung verschiedenartig sind. Mit dem Mittel der sog. Personifizierung hat man versucht, die Rechtsfigur der Stiftung zu einer juristischen Person zu machen, indem die vom Stifter gewidmete Vermögensmasse rechtlich verselbständigt wurde. Diese und ähnliche Konstruktionen fielen aus dem ursprünglichen Rahmen der juristischen Person heraus, weil diese auf der Antithese zur natürlichen Person beruhte. Um die Ableitung zu stützen, wurde aus der Personenmehrheit eine zusammengesetzte Person gebildet. Derartige Gedankengänge versagen, wenn die juristische Person auf die Stiftung ausgedehnt werden soll, weil diese ohne Mitglieder existiert. Jedoch ist die begriffliche Erläuterung, daß sich die Stiftung vom Verein dadurch unterscheidet, daß sie keine Mitglieder hat, formal, denn es kommt auf die Natur der Sache an. Dem Wesen nach ist die Stiftung dadurch zu erläutern, daß der Stifter das betreffende Vermögen einem Zwecke widmet. Die der Widmung folgende Vermögensübertragung setzt die Stiftung ins Werk und bewirkt insoweit eine besondere Art der Vermögensnachfolge, und zwar im Umfange der gewidmeten Gegenstände. Das Vermögen bildet daher weniger ein Fundament der Personifizierung als vielmehr der Einrichtung der Stiftung, die den Willen des Stifters verwirklicht („Vom Stifter zur Stiftung").

b) Antike Vorstufen[1]

Das Ringen der Stiftungsvorstellungen mit dem Korporationsgedanken wirkt bis in das antike Recht zurück und dauert im mittelalterlichen Recht an. Es geht hierbei um die Rechtsträgerschaft, sei es, daß die Kirche, in deren Bereich sich die Stiftung zuerst entfaltete, sei es, daß der Staat oder die Stadtgemeinde Stiftungsträger waren. Im vorchristlichen Altertum wurden sogar Gottheiten als Träger von Stiftungsvermögen angesehen. Nach Auffassung von Liermann war das Tempelvermögen der Staatsgötter eine Art „Eigenkirchenrecht" des römischen Staates (Hans Liermann, Handbuch des Stiftungsrechts, I. Band, Geschichte des Stiftungsrechts, 1963, S. 11 ff.). In diesem Zusammenhange wird hervorgehoben, daß sich private Korporationen (collegia) bildeten, die als Stiftungen verwendet wurden. Auf dem Wege wurden die Körperschaften „praktisch zu Herren der Stiftungen" (a.a.O., S. 13).

Hinzuzufügen ist noch, daß sich in der römischen Kirche schon früh Ansätze von Sondervermögen bildeten. Bekanntlich verlief die Entwicklung dahin, daß in späterer Zeit mehrere Träger kirchlichen Vermögens nebeneinander bestanden, darunter auch die Stiftungen. Soweit in der Gesetzgebung Justinians die Rede von rechtsfähigen Stiftungen ist, handelt es sich um solche des kirchlichen Rechts, die durch das weltliche Recht zur Anerkennung gebracht wurden. Diesem Rechtsbereich fehlte noch ein Begriff für die Stiftung im bürgerlichrechtlichen Sinne der Neuzeit (Friedrich Carl v. Savigny, System des heutigen römischen Rechts, Bd. 2, Berlin 1840, S. 262). Die kirchlichen Stiftungen jener Zeit erstreckten sich besonders auf Hospitäler und Einrichtungen, die für die Unterstützung der armen Leute geschaffen waren. Das zugrundeliegende Vermögen war Kirchengut. Ob dieses als *Anstalts*gut angesprochen werden kann, und ob im römischen Recht die juristische Person bereits in Korporationen und *Anstalten* aufgeteilt war, wie Liermann ausführt (S. 29), kann hier nicht weiter verfolgt werden (zum Ganzen: L. Schnorr v. Carolsfeld, Geschichte der juristischen Person, I, 1933, S. 19).

---

[1] Literaturangaben in Realencyklopädie der klassischen Altertumswissenschaften, Zweite Reihe, 18. Halbband, S. 1489. Grundlegende Materialsammlung bei L. Thomasius, Vetus et nova ecclesiae disciplina, Venedig 1730, P. L. N. II 89; für Frankreich: H. Leclercq, in: Cabrol, Dict. d'archeol. chret. et de liturgie VI 2748-70 (1925); H. Bolkestein, Wohltätigkeit und Armenpflege im vorchristlichen Altertum, Utrecht 1939; J. Imbert, Les hôpitaux en droit canonique, Paris 1947, S. 11 ff. Philipsborn, Nouv. Clio VI, 1954, S. 137 - 163; M. Kaser (siehe im Text); Steinwenter, ZRG, Kan. Abt., Bd. 19, S. 26; G. Schreiber, Gemeinschaften des Mittelalters, 1948, S. 3 ff. Weitere Literaturhinweise bei S. Reicke, Stiftungsbegriff und Stiftungsrecht (siehe im Text), S. 247, A. 2, S. 250, A. 3; R. Bidagor, Causarum piarum novae formae, zit. b. Liermann, a.a.O., S. 354; A. Ehrhardt, Das Corpus Christi und die Korporationen im spätrömischen Recht, in: ZRG, Rom. Abt., Bd. 71, S. 25 ff.

I. Korporation – Anstalt – Stiftung

Was die früheste Entstehung der Hospitäler betrifft, so liegen ihre Ursprünge in der orientalischen Welt (zur griechischen Vorstufe s. Realencyclopädie der klassischen Altertumswissenschaften, 2. Reihe 18. Halbband, Sp. 1489 ff.). Die Bezeichnung ξενοδοχεῖον, xenodochium, weist auf eine Einrichtung zu wohltätigen Zwecken hin, insbesondere zur Aufnahme von Pilgern und Hilfsbedürftigen (aus der deutschen Literatur: Walther Schönfeld, Die Xenodochien in Italien und Frankreich im frühen Mittelalter, ZRG Kan. Abt. XII, 1922, S. 1 - 54). Dem Vorbild entsprechend wird die Sorge für Pilger, Kranke und Gebrechliche dem Bischof übertragen. Einbezogen werden die Witwen und Waisen. In christlicher Zeit ist die bischöfliche Fürsorge mit der Bischofskirche verbunden. Eine andere Gründungsform ist die Vereinigung mit Klöstern. Schließlich werden nämlich häufig mit einer Klostergründung Stiftungen von Einzelpersonen oder Herrschern errichtet (a.a.O. Sp. 1491). Am Anfang der Entwicklung wurden die verschiedenen Zwecke gemischt wahrgenommen, verselbständigten sich jedoch später. Im Westen hingegen erhielt sich die Methode der Mischung von Kranken-, Armenhaus und Herberge sowie Witwen- und Waisenheimen. Erwähnt wird in diesem Zusammenhange die Bindung der lateinischen Klöster an die Regeln des Benedict. Im Mittelalter richten sich die meisten Orden im Westen nach der Augustinerregel. Die früher sogenannten Xenodochien erhielten von den Klöstern in späterer Zeit einen laufenden Zehnten der Einkünfte. Im übrigen wurden die vermögensrechtlichen Anliegen gesetzlich geregelt (s. hierzu H. R. Hagemann, Rev. internat. des droits de l'antiquité III 3, 1956, S. 265 - 283). Wiewohl die genannten Einrichtungen als selbständige Rechtssubjekte seit dem 5. Jahrhundert aufgefaßt wurden (Hagemann, a.a.O., S. 267 ff.), fehlte ihnen der Charakter einer juristischen Person im technischen Sinne. Das Stiftungsvermögen bleibt indes immer an den frommen Zweck gebunden, so daß der Stifter keine Rechte an der Vermögensmasse mehr hat. Die Veräußerung ist verboten.

Von Italien, Gallien und Spanien kamen die Hospitäler nach England und Deutschland. In Rom entstand 1204 eine Musteranstalt, die Innozenz III. in Gestalt des Hospitals S. Spirito aufbaute. Die Verwaltung übernahm darin ein Orden, der Hospitaliterorden vom Heiligen Geist genannt wurde. Die Vorstellung eines Hospitalordens wohnte z.B. auch dem Orden der „Barmherzigen Brüder" inne.

Die Darstellungen der Stiftungen im römischen Recht haben durch neuere Forschungsergebnisse auf Grund von Periodenbildungen an Klarheit gewonnen. Im klassischen römischen Recht kommen Stiftungen nur als Zuwendungen unter einer Auflage vor. Die hiermit verbundene Widmung dient einem wohltätigen Zweck. Bedacht werden vor allem Gemeinden oder Verbände, in deren Vermögen das gestiftete Gut übergeht. Als im 5. und 6. Jahrhundert piae causae zu entstehen begannen, wurden Häuser errichtet, die der Aufnahme Hilfsbedürftiger dienten, z.B. Klöster und Krankenhäuser. Solche Einrichtungen gingen nach dem obigen Ausgangspunkt regelmäßig in das Eigentum der Kirche oder des Grundherrn über. Wie Kaser ausführt, näherten sie sich bereits einem rechtsfähigen „Zweckvermögen".

Eine Wandlung trat in der nachklassischen Zeit ein, als die *anstalt*lichen Rechtsfiguren die Körperschaft zurückzudrängen begannen, und kirchliche Organe die Willensbildung anstelle des früheren christlichen Personenverbandes übernahmen. Nunmehr erstreckt sich das Privatrecht auch auf die Kirchen und Klöster (s. zuletzt Max Kaser, Römisches Privatrecht, 13. Aufl. 1983, S. 89; Max Kaser, RPr. §§ 72, 214).

c) Eigenkirche und Eigenstiftung

Aus deutschrechtlicher Sicht hat namentlich Siegfried Reicke die milden Stiftungen im engeren Sinne (venerabiles domus, religiosissima loca) als „persönliche" Träger ihres Vermögens, das jedoch Kirchengut blieb, hingestellt. Der Bischof garantierte dieses Vermögen (ZRG germ. Abt. 53, 250 mit weiteren Literaturhinweisen). Die Verwaltung lag infolgedessen in den Händen der Geistlichen. Die Verfassung der Wohltätigkeits*anstalten* näherte sich der klösterlichen Ordnung. Körperschaftliche Züge drangen dadurch ein, daß die Korporation der „Kleriker" oder die zusammengefaßten „Armen und Kranken" als Rechtssubjekte des Stiftungsvermögens galten (Reicke, S. 251).

Mit Recht ist darauf Gewicht gelegt worden, daß die in Rede stehenden Stiftungen als *Anstalten* zu frommen Zwecken „rechtlich verselbständigte Kirchenglieder" waren. Die Verfassung der Hospitäler bezieht sich indes zum Teil auf die innere Ordnung, nämlich die Verwaltung des Hospitals und die Rechtslage der „Insassen", besonders der Bruderschaften, zum anderen Teil auf die Außenbeziehungen, vor allem im Verhältnis zur Kirche und zum Kloster, an das die Institution angelehnt war. Von einem höheren Standpunkt aus gesehen, nämlich der Gründung, ragten die betreffenden Orden mit ihrer Organisation in das ganze Gefüge hinein. In der christlichen Frühzeit breitet sich das Eigentümerherrschaftsverhältnis über die Kirchen und Klöster aus. Thematisch ist in der Lehre von der Eigenkirche hier die Eigenstiftung gegenüberzustellen. Die Eigenkirchenherrn verfügten nach ihrem Belieben über das Stiftungsvermögen, denn sie respektierten dessen Zweckgebundenheit nicht. Die sogenannte Eigenstiftung unterstand indes dem Eigenstiftungsherrn. Infolgedessen gehörte das Gut des Stifters, das er einem besonderen Zweck gewidmet hatte, nicht zum Kirchengut (Liermann, a.a.O., S. 65). Damit entfiel das Aufsichtsrecht des Bischofs, das ihm aber der Stifter einräumen konnte. Liermann betont, daß die Eigenstiftung im Grunde genommen dem Belieben des Eigenstiftungsherrn ausgesetzt gewesen sei, und zwar im Hinblick auf seine Gewere. Die Gewährleistung der Zweckerhaltung bestand daher im Bereich der Eigenstiftung nicht. Nach der Anschauung des genannten Autors hat die Eigenkirchenentwicklung die Stiftungsidee im Bereich der kirchlichen Wohltätigkeitsanstalten zurückgedrängt. Das Gegenteil gilt für die beiden anderen Arten der kirchlichen Stiftung. Hiermit sind die Kirchenstiftung (Kirchenfabrik) und die Pfründe gemeint (a.a.O., S. 67).

W. M. Plöchl, der zuletzt die Eigenkirche dargestellt hat (HRG 1 Sp. 879 ff.), geht hierbei auf das dem Eigenkirchenrecht verwandte Stifterrecht ein, und zwar unter Hinwendung auf die Ostkirche. Das Stifterrecht läßt das Eigentumsrecht des Stifters an der gestifteten kirchlichen Einrichtung bestehen. Dies ist beim Patronat nicht der Fall, da die Pfründe und Kirchenfabrik nicht im Eigentum des Patrones stehen (s. auch Plöchl, Geschichte des Kirchenrechts V, S. 173 ff.).

d) Das kirchliche Spital[2]

1. Das klösterliche und altstiftische Spital

Am Anfang des kirchlichen Spitalwesens stehen die klösterlichen und altstiftischen Ausgestaltungen. Sowohl auf dem Lande als auch in den Städten bildeten sich seit dem Beginn des 9. Jahrhunderts Klöster als Mittelpunkte der Pflege der Wohltätigkeit, und zwar auf der Grundlage der Benediktinerregel. Die Grundlagen für die Neugestaltung des Spitalwesens waren die Aachener Beschlüsse von 816/817. Die altstiftischen Spitäler wurden an die

---

[2] Mit dem Spital tritt der Begriff der Wohltätigkeitsveranstaltungen auf die zivilrechtliche Ebene der Unterscheidungen von Körperschaften und Stiftungen, die erst Heise deutlich zu trennen begann. Siehe hierzu O. v. Gierke, Deutsches Privatrecht I, S. 46; Heise, Grundriß, § 98, Anm. 15 und § 106. In der früheren Zeit hatte man versucht, die Wohltätigkeits*anstalt* als körperschaftlichen Verband der Insassen des Spitals zu erfassen, der als „collegium miserabilium" behandelt (O. v. Gierke, S. 647, A. 14), ähnlich wie die Familie (noch im ALR) als Rechtssubjekt im Rahmen der Lehre von der Familienstiftung angesehen wurde. Vor jener Trennung erschien die Stiftung im Hinblick auf ihre Unterordnung unter den Korporationsbegriff als menschlicher Verband (Verbandsperson). Nach O. v. Gierke (S. 649) ist die kirchliche Stiftung „Privat*anstalt*", auch wenn die Kirche selbst als öffentlicher Verband gilt. Eingeräumt wird hierbei, daß sie „öffentliche Kirchen*anstalt*" wird, falls sie „durch Aufnahme unter die integrierenden Bestandteile der kirchlichen Lebensordnung zu einer solchen erhoben wird" (S. 649, A. 24). ALR II 19 § 32 ff. behandelte Armen- und Versorgungs*anstalten* wie öffentliche Anstalten.

Die Bezeichnung kirchliches Spital geht darauf zurück, daß zuerst die betreffenden Aufgaben von der Kirche, den Orden und Bruderschaften wahrgenommen wurden (siehe H. Conrad, Deutsche Rechtsgeschichte, Band 1, S. 272). Über den wachsenden Einfluß der mittelalterlichen Stadt auf das Spitalwesen siehe J. v. Steynitz, Mittelalterliche Hospitäler der Orden und Städte, in: Sozialpolitische Schriften 26, 1970; J. Sydow, Spital und Stadt in Kanonistik und Verfassungsgeschichte, Vf 13, 1970, beide zit. nach Mitteis/Liebrich, Deutsche Rechtsgeschichte, 17. Aufl. S. 274 ff. mit weiteren Literaturhinweisen.

Stiftskirchen gebunden, „was aus der Übertragung des mönchisch gemeinsamen Lebens auf die Stiftsgeistlichkeit entsprang" (s. hierzu und zum folgenden Siegfried Reicke, Das deutsche Spital und sein Recht im Mittelalter, Erster Teil: Geschichte und Gestalt, in: Kirchenrechtliche Abhandlungen 1932, S. 12 ff. mit Literaturangaben S. 3 ff.). Ein wesentlicher Anstoß ging später von den Clunyschen Statuten und den hiervon abgeleiteten Hirsauer Konstitutionen aus (zur Unterscheidung von der Regel als dem Grundgesetz der betreffenden Ordensgenossenschaft – die berühmtesten sind die von Basilius, Augustinus, Benedikt und Franz v. Assisi – und den Konstitutionen als dem Komplex der die Regel erläuternden, ergänzenden und anpassenden Vorschriften, s. Bruno Primetshofer, Ordensrecht, 2. Auflage, 1970, S. 43).

Besonders im 12. und 13. Jahrhundert ging von den Orden eine umfangreiche Spitalpflege aus, die zu einer Einrichtung des Klosters wurde. Unterschieden wurden die Klosterstiftung und die Selbststiftung des Spitals. Häufig waren selbständige Spitalstiftungen privaten Ursprungs zur Eingliederung in ein Kloster bestimmt. Auf diese Weise entstand z.B. das Zisterzienserkloster Heiligenkreuz in Niederösterreich. Der Bischof von Würzburg verlegte ein von ihm gegründetes Spital in das Benediktinerkloster St. Stephan. Verfassungsrechtlich betrachtet wurde das Spital von der Ordnung des Klosters getragen.

Oberster Leiter des klösterlichen Spitals war der Abt unterstützt vom Konvent. Ihm oblag die Verwaltung und Vertretung. Allgemeine Schenkungen an das Kloster teilte der Abt u.a. für Spitalzwecke auf. Die unmittelbare Führung der Geschäfte oblag dem Vorsteher des Spitals, der Hospitalar genannt wurde. Wenn sich dieser in den rechtsgeschäftlichen Verkehr einschaltete, war für wichtige Akte die Zustimmung des Abtes und regelmäßig die Mitwirkung des Konventes erforderlich. Das stiftische Hospital wurde von dem Hospitalar verwaltet (magister hospitalis). Mitunter kommt auch die Bezeichnung magister infirmorum im Rahmen der Krankenpflege vor. Der Titel Siechmeister (Schottensiechhaus) bezieht sich auf eine solche Einrichtung. Im Mittelalter wurde mitunter ein besonderer Vorsteher für die Vornehmen einerseits und die Armen andererseits bestellt. Eine solche Gliederung beruhte auf der damaligen ständischen Ordnung, die die Mönchsordnungen mitunter übernahmen (Reicke, a.a.O., S. 11, der auf den Kommentar von Paulus Diakonus zur Regel des Benedikt und die Statuten der Prämonstratenser Bezug nimmt, s. Anm. 7). Aus der Gesamtorganisation folgt, daß das Spitalamt ein Klosteramt war. In den Klöstern amtierte im allgemeinen ein Klosterbruder, in den stiftischen Spitälern ein Kanonikus als Spitalmeister. Hospitalare, die Priester waren, trugen den Zusatz „sacerdos". Als Laienbrüder in die Klöster eintraten, übernahmen sie auch zum Teil die Verwaltung des Armenspitals und damit die Pflege der Hilfsbedürftigen.

I. Korporation – Anstalt – Stiftung

Hinsichtlich der altstiftischen Spitäler ist zu bemerken, daß der Probst oder der Dekan die Leitung innehatte. Diese Zuständigkeit konkurrierte bei den domstiftischen Spitälern zwischen den Kapitalorganen und dem Bischof (Reicke, a.a.O., S. 5). Im übrigen wird die altstiftische Spitalordnung neben der Verfassung und Verwaltung eines klösterlichen Spitals nicht eingehend behandelt. Dagegen spielt das altstiftische Spital in der Darstellung der Geschichte und Gestalt des deutschen Spitals eine selbständige Rolle, und zwar als Gegenstück zur klösterlichen Spitalpflege (z. Ganzen s. Reicke, Das deutsche Spital und sein Recht im Mittelalter, Erster Teil: Geschichte und Gestalt, 1932, S. 25 ff.; ders., a.a.O., Zweiter Teil, Das deutsche Spitalrecht, S. 4 ff.). Die altstiftische Spitalpflege ging auf die Aachener Regel (Kap. 141) zurück. Ihr Gegenstand war die Zusammenfassung *anstaltlicher* Wohltätigkeit am Orte derjenigen Kirchen, die entweder hochstiftisch oder stiftisch waren. An diesen Kirchen amtierte mehr oder weniger die Weltgeistlichkeit. Ihr gemeinsames Leben, die vita canonica, wurde mit dem Konzil zu Aachen auf der Grundlage der Chrodegangschen Regel ein allgemeingültiges Gesetz für den Klerus sowohl an bischöflichen als auch anderen Kirchen (Reicke, Das deutsche Spital, S. 26, unter Hinweis auf P. Hinschius und A. Werninghoff). Die Vorsteher waren verpflichtet, aus dem Vermögen der betreffenden Kirche ein Hospital zu errichten, das sachenrechtlich gesehen Zubehör der Stiftskirche wurde.

Die ersten Überlieferungen berichten über das Domspital in Köln und Bremen sowie in anderen Bischofsstädten, wie beispielsweise Augsburg, Hildesheim, Mainz und Speyer (und wahrscheinlich in Bamberg, Chur, Würzburg und Eichstätt). Eine eigenartige Wendung trat in Konstanz ein, wo der Bischof Konrad ein Spital zum Unterhalt von zwölf Armen und Pilgern gegründet hatte (etwa in der Zeit zwischen 935/976). Nachdem diese Einrichtung verfallen war, nahm der Bischof Ulrich 1125 das Spital aus dem Vermögen des Stiftes heraus und rief eine Genossenschaft von Klerikern ins Leben, um die frühere Anstalt zu erneuern. Kaiser Heinrich V. bestätigte die Erneuerung des Konstanzer Spitals. Liermann erblickt in dieser Bekräftigung das erste Zeugnis einer *rechtsfähigen Stiftung* im Mittelalter. Die Herausnahme des Spitals aus dem Domstift hatte nämlich zur Folge, daß die *Anstalt* zukünftig von „provisores" verwaltet wurde (Liermann, a.a.O., S. 78, 91; Reicke, I, S. 73 ff., der in der Loslösung aus dem domstiftischen Verbande eine vollständige vermögensrechtliche Verselbständigung erblickt).

Das Würzburger Spital hatte ursprünglich unter der Verwaltung einer Bruderschaft bestanden, die später zugunsten des Domkapitels auf die Verwaltung des Spitals verzichtete. Das Domkapitel ordnete im Jahre 1140 die Verhältnisse neu. Hierbei wurde das Vermögen in der Weise geteilt, daß der eine Teil der *Anstalt*, der andere der Bruderschaft der Priester (confraternitas) zufiel (Reicke, I, S. 79). Eine Neuordnung erfuhr auch das Domspital St.

Johannis zu Hildesheim, das in der Mitte des 12. Jahrhunderts zwar verlegt wurde, aber den altstiftischen Charakter vorerst bewahrte. Im Jahre 1282 hob das Domkapitel die ursprüngliche Verbindung mit dem St.-Johannis-Stift auf. An die Stelle trat eine Spitalverbrüderung, die „nicht mehr die enge verfassungsmäßige Verbindung mit einem Domkapitelamt aufwies" (Reicke, I, S. 76, der auch die Spitäler von Kollegiatstiftern und Kanonissenstiftern erörtert). Die sich anschließende Gesamtwürdigung endigt mit der Feststellung, daß die Neugestaltungen, die sich im 12. und 13. Jahrhundert vollzogen, an das altstiftische Spital anknüpften. Auf der einen Seite entwickeln sich die Stiftspitale jüngerer Ordnung, auf der anderen Seite das verbürgerlichte Stadtspital.

2. Das bruderschaftliche Spital

Die kirchlich-bruderschaftlichen Spitalbildungen bestehen entweder aus Verbrüderungen, denen der Ordenscharakter fehlt, oder aus Spitalorden. In der erstgenannten Ordnung steht das selbständige bruderschaftliche Spital an erster Stelle. Diese Institution löste das klösterliche und stiftische Spital nicht vollständig ab, entzog sich aber der *ausschließlichen* Verbindung. Die Beteiligung aller Stände und Schichten an Wohltätigkeitseinrichtungen entwickelte neue Gemeinschaftsformen, da sie sich ohne Zugehörigkeit zu einem Orden herausbildeten. Der überkommene Spitaldienst forderte eine Erweiterung sowohl in räumlicher als auch in funktioneller Beziehung. Einerseits fehlte es an ausreichenden Mitteln zur Erfüllung der karitativen Aufgaben, andererseits wurde diese mitunter nur nebensächlich erledigt. Vielfach wurden die Spitäler anderen Anliegen gegenüber zurückgesetzt oder ihren Zwecken entfremdet. So erklärte es sich, daß im Laufe des 11. Jahrhunderts unter dem Einfluß der Cluniazenser Spitalverbrüderungen von Laien entstanden. Die Laienbrüder lehnten sich nicht an das Kloster oder Stift an, sondern entfalteten sich selbständig im Sinne ihrer Zielsetzung und Aufgabe der Armenfürsorge und Krankenpflege *innerhalb* des Spitals. Spitalbruderschaften unterscheiden sich deshalb von ähnlichen Vereinigungen, deren Mitglieder dem weltlichen Leben nicht entsagten. Die Spitalverbrüderungen wurden von durchaus religiösen Motiven geleitet, verblieben sie doch im kirchlichen Verbande. Auf Grund des mönchischen Gelübdes und der Augustinerregel, die sie ihrem Dasein zugrundelegten, wurden die Spitalbrüder als „Mönche im Dienst der Armen und Kranken" angesehen (Reicke, I, S. 51; Albert Hauck, Kirchengeschichte Deutschlands, III, S. 876). Hinzugefügt wird, daß sich der Wille des Laientums in „halbgeistlicher oder halbmönchischer Lebenshaltung" dem Spitaldienste zu ergeben habe.

Die Spitalverbrüderung war derart organisiert, daß die im Konvent vereinigten Brüder den Spitalmeister wählten. Er wurde auch magister, procurator, provisor oder hospitalarius genannt. Dieser war entweder Laie (conversus) oder Geistlicher (clericus, sacerdos). Die Bezeichnung rector weist auf einen geistlichen Spitalvorsteher hin (Reicke, II, S. 25 ff.).

Die Wahl bedurfte der Bestätigung durch den Bischof, der mitunter selbst die Bestellung vornahm. Der Spitalmeister war für die Aufrechterhaltung der einzelnen Ordnungen verantwortlich, die für die Spitalinsassen sowohl als auch die Brüder galten. Ihm stand eine Disziplinargewalt zu. Nach außen vertrat er das Spital im Zusammenwirken mit dem Spitalkonvent. Bedeutsame Rechtsakte waren an die Zustimmung der Spitalbrüder gebunden. Das Vermögen verwaltete er einvernehmlich mit dem Konvent als der Gesamtheit der Brüder und Schwestern. Wie Reicke näher ausführt, bildete sich aus den älteren Leuten des bruderschaftlichen Spitals ein Bruderbeirat, dessen Mitglieder dem Spitalmeister zugeordnet waren. Diese hießen Schaffer, wurden gelegentlich auch provisores oder procuratores genannt. Der Bruderbeirat ist die „rechte Hand" des Spitalmeisters gewesen.

Im Gegensatz zur Klosterverfassung, nach der im Grundsatz die Spitalverbrüderung ausgestaltet war, setzte sich das bruderschaftliche Spital aus Laienbrüdern zusammen. Der Seelsorge diente ein besonderer Spitalpriester. Dieses Amt übte nicht selten der Spitalmeister selbst aus. Die Entwicklung verlief dahin, daß infolge des zunehmenden Eintritts von Klerikern aus den Spitalverbrüderungen Klöster oder Chorherrenstifte wurden. Mitunter bildeten die Spitalbruderschaften von vornherein Klerikerkonvente (Reicke, I, a.a.O., § 86).

Im ganzen gesehen war die klösterliche Verfassung für die spitalbruderschaftliche vorbildlich. Maßgebendes Abgrenzungsmerkmal war der Spitaldienst in seiner herkömmlichen Gestaltung. Wenn dieser nicht ausgeübt oder vernachlässigt wurde, so fielen die Spitalverbrüderungen in die klösterliche Rechtsform zurück (Reicke, II, a.a.O., S. 39)

3. Das Spital der ritterlichen Spitalorden[3]

Die ritterlichen und geistlichen Brüder vereinigten sich in dem Ordenshaus, der sogenannten Kommende, dem räumlichen Mittelpunkt des Spitals. Die Ordenskommende war dem klösterlichen Spital ähnlich. Jedoch wurden

---

[3] Die historische Entwicklung der Orden ist, was ihr Verhältnis zu den Spitälern angeht, nur wenig behandelt. Neuerdings hat der CIC von 1983 die Ordensinstitute und ihre Niederlassungen in cann. 607 - 616 geregelt und im Anschluß die Leitung der Institute geordnet. Die „Säkularinstitute" werden in cann. 710 - 730 definiert. Der CIC sondert klerikale und laikale Säkularinstitute (cann. 711, 715). Zur Gesamtregelung siehe N. Ruf, Das Recht der Katholischen Kirche, Freiburg 1984, S. 181 ff.
In seinem Werk „Ordensrecht" (1970) hat B. Primetshofer im Hinblick auf den früheren CIC die Spitäler erwähnt (S. 281). Es handelt sich um das MP „Ecclesiae sanctae", wonach der Ortsordinarius alle Institute der Ordensgemeinschaften, Schulen usw.... einschließlich der Horte, Spitäler, Waisenhäuser und ähnlicher Institute,

die Verwaltungsorgane in die untere örtliche Einheit der Verfassung des Ordens eingestuft. Die Leitung und Verwaltung des Spitals stand dem Komtur zu. Die Brüder bildeten einen Konvent, der den Komtur im Rechtsverkehr unterstützte. Die unmittelbare Verwaltung lag in den Händen eines Ordensbruders, der Spittler genannt wurde (magister hospitalis). Dieser unterstand der Aufsicht des Komturs und des Konventes. Seine Kompetenzen und Verpflichtungen richteten sich in erster Linie nach den Regeln und Statuten des Ordens. Jedoch war er zur selbständigen Vertretung des Spitals nicht befugt. Der Komtur unterlag der Ordensaufsicht: der Oberste Spittler hatte die Aufsicht über das gesamte Spitalwesen im Ordensstaate (Reicke, II, S. 52, der das Amt des Obersten Spittlers als noch ungeklärt ansieht).

Die ritterlichen Spitalorden waren nach dem Johanniter-, Deutschordens- und dem Lazariterspital gegliedert. Was die Spitaltätigkeit anbetrifft, so ist sie von den Johanniterniederlassungen nur im geringen Umfange ausgeübt worden. Um so bedeutsamer war die ideelle Tragweite, weil die für das Haupthaus (ursprünglich in Jerusalem gegründet) aufgestellte Regel auf das Deutschordensspital einwirkte.

Die Hauptregel des Deutschordens, die etwa um 1240 niedergelegt war, setzte nicht voraus, daß das Ordenshaus mit einem Spital verbunden wurde.

Allen Ritterorden ist die verfassungsrechtliche Unterstellung unter einem leitenden Großmeister, dessen Kompetenzen durch das Generalkapitel beschränkt waren, gemeinsam. Die Johanniter hatten zwar anfänglich Krankenpflege ausgeübt, widmeten sich aber schon im 12. Jahrhundert vorwiegend dem Waffendienst. Der Deutsche Orden, der 1190 in Akkon gegründet war, vereinigte zunächst Krankenpflege und Ritterdienst, der nach der Regel der Templer ausgeübt wurde. Die erste Ausbreitung des Ordens stand daher noch im Zeichen seiner karitativen Tätigkeit. Später gewannen aus bekannten Gründen die ritterlichen Züge des Ordens die Oberhand; die Wendung trat ein, als sich der Orden in Preußen festsetzte und einen eigenen Ordensstaat gründete. Aus der Landes- und Stadthoheit floß die Spitalherrschaft des Ordens, die indes u. a. durch die bischöfliche Territorialgewalt eingeschränkt war (Reicke, I, S. 144). Das Elbinger Heilig-Geist-Spital wurde zum Hauptspital des Ordens gewählt (zur Verfassung der Ritterorden s. H. E. Feine, Kirchliche Rechtsgeschichte, 5. Aufl., 1972, S. 355, der neben den Johannitern oder Hospitalitern die Templer und die Deutschherren (den Deutschen Orden) erwähnt. Ähnlich wie die Verfassung der Ritterorden ist die der Bettelorden „zentralistisch".

---

die für Werke der Religion oder eines geistlichen oder zeitlichen Liebesdienstes bestimmt sind, visitieren kann (Primetshofer, S. 281, der die Arten und Gliederung der „Ordensgenossenschaften" im Zusammenhang mit der klösterlichen Niederlassung behandelt und später den Status der Ordensleute festlegt, S. 237 ff.). Zum Begriff des Ordensrechts im allgemeinen siehe a.a.O., S. 30 ff.

e) Das bürgerliche Spital

1. *Grundlegung*

Die Wandlung von den kirchlich-bruderschaftlichen Spitalbildungen zum bürgerlichen Spital löst im Übergange einige Vergleiche aus. Hattenhauer hat unlängst dem Phänomen universitas die rechtsbegriffliche Bedeutung in einem engeren Sinne abgesprochen (Grundbegriffe des Bürgerlichen Rechts, München 1982, S. 20 ff.). Von einer universitas könne man in gleicher Weise bei einem Kollegium, einem Orden, einer Stiftung usw. sprechen. Bei dieser Gelegenheit wird ausgeführt, daß mit dem Eintritt in den Orden die Regeln des Ordensstifters anerkannt und die Unterwerfung unter die Ordensverfassung vollzogen wurden. In die Gründung eines Hospitals, das nach der Idee und Regel eines Ordens lebte, wird die Vorstellung einer Ordensstiftung eingebracht. So ergänzen sich Ordensstiftung und Hospitalstiftung. Aber diese Einrichtung, nämlich die Hospitalstiftung, ist von vornherein noch nicht als Stiftung im rechtsdogmatischen Sinne ausgebildet, sondern entwickelt sich erst allmählich zur Stiftung im Rechtssinne, weil der Verband, der hinter dem Hospital steht, als Korporation und damit als Vermögensträger lange Zeit hindurch angesehen wurde. Dabei kommt zum Ausdruck (a.a.O., S. 22), daß der mittelalterlichen Stadt der Zugang zur „Verwaltung des Korporationsvermögens" erleichtert wurde. Am Ende dieser Entwicklung haben die Spitäler hierdurch zum Teil schwerwiegende Nachteile erlitten.

Ungefähr zu diesem Zeitpunkt tritt das bürgerliche Spital auf den Plan, indem sich die Vorstellung der Verbürgerlichung ausbreitet. Die mittelalterliche Stadtgemeinde und mit ihr der Rat der Stadt dringen in die überkommene Organisation der Hospitäler im Verlaufe eines Prozesses ein, der von Ort zu Ort verschiedene Gestaltungsformen annimmt. Zum Beispiel verknüpfen sich Ratsausschüsse durch ihre Organe mit dem Spital, denn nicht immer übte der gesamte Rat die Leitung über das Spital aus. In Nürnberg bildete sich in diesem Rahmen der Ratsausschuß der „fünf Wähler", der für Ernennungen und Visitationen im Rahmen des Spitals zuständig war. Regelmäßig entstand die Vorstellung einer vom Rat abhängigen Pflegschaft, die von einem „Pfleger" ausgeübt wurde. In seinem Amte wirkten zwei Komponenten zusammen, nämlich die Abhängigkeit vom Stadtrat und die Organschaft der Hospital*anstalt*. Reicke meint, daß die „Interessen der Stiftungspersönlichkeit, nicht die der Stadt" in diesem Kreis für die Pflegschaften maßgebend gewesen sei (II, S. 73). Gewicht wird dabei auf die Eigenart der Verbandsperson gelegt, die sich im Spital darin offenbarte, daß es ein „selbständiges städtisches Gotteshaus war" (a.a.O., S. 72).

Die Bezeichungen der Pfleger waren von Fall zu Fall verschieden, auch ihre Zahl schwankte. Die Stellung eines einzelnen Pflegers unterschied sich de facto nur wenig von der eines Spitalmeisters (a.a.O., S. 75). die Rechtsstellung der beiden Funktionäre ist jedoch prinzipiell zu unterscheiden. Die Pfleger standen infolge ihrer Abhängigkeit vom Rat der Stadt und entsprechender Verantwortlichkeit mehr außerhalb der Spitalorganisation als der Spitalmeister, in dessen Hand die unmittelbare Spitalverwaltung lag. Die hauptsächliche Aufgabe der Pfleger war die sachgemäße Verwaltung und Verwendung des Vermögens, besonders der Zuwendungen an das Spital. Zudem vertraten sie die Einrichtung im Rechtsverkehr, erschienen somit als Sachwalter des Spitals nach außen. Im Rahmen ihrer Geschäftsführung unterstand ihnen das Personal. Zu den Befugnissen der Pfleger gehörte auch der Vorschlag für die Ernennung des Spitalmeisters. Schließlich war es möglich, daß dem Pfleger die Befugnis eingeräumt wurde, Einfluß auf die Besetzung der Stellen der Spitalgeistlichen zu nehmen (Reicke, a.a.O., II. S. 94). Regelmäßig wurde der Spitalmeister vom Rat der Stadt ernannt. Sein Amt war grundsätzlich lebenslänglich, es sei denn, daß vertraglich eine Amtszeit festgesetzt wurde, außerdem ein entgeltliches, wohingegen das Amt des Pflegers ehrenamtlich war. Mit Rücksicht darauf, daß der Spitalmeister den gesamten Ablauf des Spitalgeschehens verwaltete, und zwar in ständiger Ausübung seiner Rechte und Pflichten, kam seiner Rechtsstellung ein hohes Maß von Kontinuität zu. Sein Wirkungskreis war von vornherein durch die Spitalverfassung umrissen. Überdies war er weisungsgebunden und den Pflegern gegenüber verpflichtet, Rechnung zu legen.

Die Verfassung der bürgerlichen Hospitäler war trotz vieler gleichlaufender Gestaltungen von Stadt zu Stadt so verschiedenartig geregelt, daß es notwendig erscheint, einzelne bürgerliche Spitäler und ihre Ordnungen herauszugreifen (s. unten).

Mit dem Vordringen der städtischen Spitalherrschaft hören vielfach die Spitalverbrüderungen der alten Zeit auf, ihre barmherzige Tätigkeit fortzusetzen. In Südwestdeutschland lösen sich nach und nach manche Konvente auf. Die letzten Spuren ihrer Tätigkeit zeigen sich um diese Zeit, wie Reicke mitteilt (I, S. 290), in Frankfurt a. M., Münster und Kaufbeuren. Mit der Verbürgerlichungsbewegung ändern sich die Grundsätze, die für die Aufnahme der Hilfsbedürftigen gelten, besonders die Art und Weise der Verpfründung. Allmählich zeigen sich Anzeichen ihrer Entgeltlichkeit.

Die Spitalverpfründung war ursprünglich „Selbstübergabe mit Leib und Gut" (hierzu und im folgenden W. Ogris, Der mittelalterliche Leibrentenvertrag, 1961, S. 66 ff.). Im Zeichen der *Kloster*verpfründung entsagte der Pfründner der Welt und weihte sein Gut der Kirche, um für sein Seelenheil zu sorgen. Dies galt auch für die spätere *Spital*verpfründung, mit der Abwandlung, daß die Gelübde entfielen. Der geistliche Charakter überdeckte noch die wirtschaftliche Daseinsvorsorge. Durch die Aufnahme erwarb der Pfründner allerdings einen Anspruch auf lebenslänglichen Unterhalt, der für den einzelnen, besonders unter den Zeitumständen des frühen Mittelalters, von eminenter Tragweite war. Hinter dieser „frommen Selbstübergabe und Schenkung" verbarg sich der Verpfründungsvertrag. Ursprünglich war mit der Schenkung der Vorbehalt eines Nießbrauchs verbunden, der dadurch entstanden war, daß der Schenker seinerseits ein Grundstück übereignet hatte. Die Gewährung des Fruchtgenusses wurde oft als stillschweigend vorausgesetzt. Wie Ogris näher dargelegt hat, verwandelte sich der „Leibgedingsvorbehalt" zur Schenkung mit Leibrentenvorbehalt und schließlich zum Leibrentenkauf, der auf die Hingabe von Geldkapital gerichtet war (a.a.O., S. 61 ff.).

Das Ergebnis war, daß die Verpfründung nicht mehr in erster Linie ein Vertrag war, der sich auf die Herbeiführung eines personenrechtlichen Abhängigkeitsverhältnisses richtete. Denn auf dem Wege vom Verpfründungs- zum Leibrentenvertrag vollzog sich eine Verweltlichung der Rechtseinrichtung[4]. Von sozialgeschichtlichem Interesse ist die Unterscheidung der betreffenden Rentengeber. Auf der einen Seite befinden sich die geistlichen Rentengeber, auf der anderen Seite die des städtischen Bereiches. In letzter Hinsicht sind es neben den Städten ihre selbständigen Verwaltungskörper, Spitäler und Zünfte. Den Städten werden die Dorfgemeinden gegenübergestellt.

Die Stadt erscheint in diesem Rahmen neben den geistlichen *Anstalten* als eine „andere unsterbliche Persönlichkeit", die den „Leibrentenvertrag in seiner geldwirtschaftlichen Form" übernahm (Ogris, S. 138 ff.). Mit den städtischen Leibrentenbriefen mündet die ganze Untersuchung in die städtische Verfassungsgeschichte ein, weil sie der Zustimmung der Bürgergemeinde bedurften. Damit tritt der Rat der Stadt auf den Plan der Hospitalverhältnisse.

Der Begriff „bürgerliches Spital" weist zuerst weniger auf die Stadtgemeinde selbst als auf die Bürgerschaft hin, denn das Spital begann, sich zu einer „bürgerlichen Versorgungsanstalt" zu entwickeln. Einerseits konzentrierten sich die Spitalleistungen auf die Bürger der betreffenden Stadt, andererseits erweiterten sich die vorhandenen *Anstalten*, soweit sie hierfür in Frage kamen, zu bürgerlichen Pfrund- und Versorgungshäusern (s. Reicke, I, S. 282). Der Rat der Stadt nahm auch Einfluß auf die Rentenverkäufe der Spitäler, sofern sie an seine Genehmigung gebunden waren (s.

---

[4] Insbesondere bestimmte sich der mittelalterliche Pfründbegriff nach objektiven Merkmalen, so daß der Pfründner durch seinen Eintritt ins Spital auf eine allgemein festgelegte Leistung rechnen konnte. Der Pfründner brauchte jetzt nicht mehr sein ganzes Vermögen, sondern nur einzelne Vermögensobjekte zu übertragen. Auf der anderen Seite war neben dem täglichen Unterhalt eine bestimmte Geldsumme an ihn zu entrichten, z.B. zur Anschaffung von Kleidung. Später entwickelten sich dadurch Übergangsformen, daß an die Stelle der üblichen Aufnahme des Betreffenden eine besondere Wohnung gegen ein Entgelt gewährt wurde, das etwa einer Miete gleichkam. Auf derartige Verträge, die den Sonderinteressen des Pfründners dienten, ist hier nicht einzugehen.

Ogris, a.a.O., S. 143). Waren es auf der einen Seite die Renten, die zur Vermehrung des städtischen Vermögens führten, so auf der anderen Seite die Stiftungen an die Stadt, die dem Aufgabenbereich des Spitals zugedacht waren. Gelegentlich kam es zu Umgestaltungen, indem das Bürgerspital in ein solches zur Verpflegung der Fremden umgewidmet wurde (so in Frankfurt a. M., wo die hilfsbedürftigen Bürger nur aus der städtischen Armenkasse, dem Gemeinen Kasten, versorgt wurden, s. Liermann, a.a.O., S. 145 ff.; K. Ehwald, Das Heilig-Geist-Hospital zu Ffm., Diss. Heidelberg, 1906). Wie Liermann näher ausführt, vereinigte die weltliche Obrigkeit, der Fürst oder der Rat, die Stiftungen in ihrer Hand (a.a.O., S. 127). In Nürnberg bestand bereits seit dem 14. Jahrhundert ein stadteigenes „Almosenamt". Eine Stiftungszentralisation des 16. Jahrhunderts war das „Nürnberger Große Almosen" (Liermann, a.a.O., S. 127, unter Hinweis auf Rüger, Mittelalterliches Almosenwesen. Die Almosenordnungen der Reichsstadt Nürnberg, 1932). Im übrigen wird auf die Rechtslage des Heilig-Geist-Spitals in einem besonderen Abschnitt eingegangen werden. Dabei stellt sich heraus, daß Stiftungen reicher Bürger später in ein Stadtspital übergehen können. Der Stifter überträgt noch bei Lebzeiten die Stiftung auf die Stadtgemeinde, behält sich allerdings die Verwaltung bis zu seinem Tode vor. Zu diesem Zeitpunkt erwirbt der Rat der Stadt die Spitalherrschaft einschränkungslos. Von einer solchen umgewandelten Privatstiftung ist die städtische Wohlfahrts*anstalt* zu unterscheiden, die auf der Stiftung der gesamten Bürgerschaft beruhte (Reicke, I, S. 259).

2. Spital am Phyrn in Oberösterreich (Hospital und Kollegiatstift)

In seiner Abhandlung „Das Spital im kanonischen Recht bis zum Tridentinum" (Archiv für katholisches Kirchenrecht, Bd. 148, S. 72 ff.) hat Friedrich Merzbacher die Dekretale, die auf dem Konzil von Vienne erging (1311/12 „Quia contingit" in Clem. de religiosis domibus III, 11) erläutert. Es handelt sich um die Voraussetzungen für die Einrichtung von Spitälern. Diese können nach kanonischem Recht ohne bischöfliche Zustimmung nicht errichtet werden, wobei vorausgesetzt wird, daß die betreffenden Spitäler mit Kirche, Altar, Friedhof oder irgendeinem Pfarreirecht ausgestattet sind. Das Spital unterstand ohnehin als locus religiosus bischöflicher Autorität. Infolgedessen wurde das Personal vom Bischof bestellt, das ihm gegenüber zur Eidesleistung und Rechenschaftslegung verpflichtet war. Soweit die Spitäler in bereits bestehenden Fachsprengeln existierten, galt gemeines Recht, mit der Folge, daß das Spital der Mutterpfarrei gehörte[5].

---

[5] Schrifttum bei Petro Gradauer, Spital am Phyrn in Oberösterreich, Diss. Linz 1957, S. IX.

Spital am Phyrn bestand als Hospital von 1190 bis 1418. Bischof Otto II. von Bamberg erklärte in der Stiftungsurkunde, daß er es auf dem Grund und Boden seiner Kirche im Garstental mit Unterstützung des Erzbischofs von Salzburg und des Bischofs von Passau gestiftet habe. Die Dotation nahm der Bamberger Bischof selbst vor. Bereits im Jahre 1190 wurde der Bau des Hospitals begonnen. Der genannte Bischof ernannte die Spitalmeister, die zugleich die Seelsorge an der Spitalkirche versahen. Um 1193 übernahm Herzog Leopold V. von Österreich und Steiermark sowohl die Vogtei als auch die Schutzherrschaft über das Hospital, das bruderschaftlich organisiert war. Auf Grund seiner geographischen Lage wurde das Spital besonders von Pilgern, die über den Paß nach Rom zogen, in Anspruch genommen.

Nach einer wiederaufgehobenen Inkorporation wurde das Spital a.P. zu einem Kollegialstift weltlicher Chorherren unter einem Dechanten umgewandelt, das später unter einem Propste stand. Die erste Umgestaltung erfolgte 1418, die zweite 1605. In beiden Zeitabschnitten war das Abhängigkeitsverhältnis gegenüber Bamberg mitunter problematisch[6]. Mit dem Inkrafttreten des Reichsdeputationshauptschlusses wurde das in Rede stehende Abhängigkeitsverhältnis nach sechshundertjährigem Bestande beendigt[7]. Auf Grund der Bamberger Tradition hatte das Spital die Voraussetzungen erfüllt, die Merzbacher wiedergegeben hat.

Der Gründung am Phyrn waren schon mehrere ähnliche vorausgegangen. Der Bischof Konrad I. von Salzburg hatte bereits das St.-Maria-Magdalenen-Spital zu Friesach in Kärnten errichtet[8]. Um 1143 rief der Edle Piligrim de Wenge das St.-Egidius-Spital in Vöcklabruck ins Leben. Der Bischof von Passau übertrug ihm die Leitung. Die Entstehung des St.-Marien-Spitals am Semmering geht auf die Initiative einer Klerikerbruderschaft zurück (1160)[9].

In jener Zeit bestanden viele Klöster und Pfarreien, die bereits vom Zwecke ihrer Stiftung her gesehen wohltätige *Anstalten*, verbunden mit Spitälern und Armenhäusern, waren. Darüber hinaus gab es selbständige Einrichtungen dieser Art, die rechtlich kirchliche Institutionen waren. Derartige Hospitäler im engeren, rechtlichen Sinne wurden im allgemeinen frommen Bruderschaften übertragen[10].

---

[6] Gradauer, a.a.O., S. 84 ff.
[7] Gradauer, a.a.O., S. 111 ff.
[8] Gradauer, a.a.O., S. 17 ff., der alle diese Gründungen dort aufführt.
[9] Gradauer, a.a.O., S. 18, wo Spittal a. d. Drau noch erwähnt wird.
[10] Babenberger-Ausstellung 1976, Floridus Röhrig, Die Kirche in der Zeit der Babenberger, S. 123.

3. Wiener Spitäler und Erblaststiftungen

Im Jahre 1211 stiftete Leopold VI. das Heiliggeistspital in Wien. Der Papst gewährte den Schutz für diese Stiftung, die dem Heiligen-Geist-Orden eingegliedert wurde. Dieser Orden stellte in Zukunft den Spitalmeister und Schaffer. Dem Spitalbau schlossen sich an verschiedenen Seiten Kapellen an[11]. Der erwähnte Stiftsbrief Leopolds VI. wurde auf den 27. Mai 1211 datiert[12]. In dieser Urkunde werden die Besitzungen des genannten Spitals von denen der Pfarre St. Stephan abgegrenzt. Dem Spital wurde darin auch die niedere Gerichtsbarkeit verliehen. Etwa um die Mitte des 15. Jahrhunderts stellte der Schottenabt fest, daß die wirtschaftlichen Verhältnisse des Spitals ungünstig waren, besonders im Hinblick auf die geringen Einkünfte. Im Jahre 1529 wurde das Spital im Türkenkrieg zerstört. Kurze Zeit darauf ordnete Ferdinand I. an, daß das Vermögen des Heiliggeistspitals dem des Wiener Bistums einverleibt werden solle[13].

Der Grund für den Niedergang lag bereits darin, daß um die Mitte des 13. Jahrhunderts in Wien vor dem Kärntnertor das Bürgerspital errichtet worden war, das vom Bürgertum mehr und mehr bevorzugt wurde.

H. Lentze schreibt im Anschluß an D. Pleimes die Entstehung des weltlichen Stiftungsrechts den vom Bürgertum ausgehenden Bestrebungen zu, das bisher kirchlich betreute Stiftungsrecht unter weltliche Herrschaft zu bringen: „Weltliches Stiftungsrecht ist dann gegeben, wenn Stiftungen unter weltlicher Verwaltung stehen" (H. Lentze, Die Erblaststiftung im mittelalterlichen Wien, in: Mitt. d. Inst. f. österreichische Geschichtsforschung, Bd. 68, S. 445 ff.). Er geht von der „Jahrtagsstiftung" als dem beliebtesten Seelgerät aus. Ihr lag eine „Schenkung" an ein Kloster oder eine Kirche zugrunde. Es handelte sich dabei um eine Auflagenstiftung, weil der „Stifter" der anderen Seite Verpflichtungen, die mit der Zuwendung des Stiftungsgutes verbunden waren, auferlegte. Die Bezeichnung „Jahrtagsstiftung" ging darauf zurück, daß alljährlich ein „Anniversarium" abzuhalten war, das meist mit Nebenleistungen verbunden wurde, so mit Speisungen der Spitalsinsassen (H. Lentze, a.a.O., S. 446). Der überwiegende Teil des Stiftungsgutes von Jahrtagsstiftungen unterlag im Bereich der Pfarrkirchen und Spitäler weltlicher Verwaltung, weil dort das Laienelement bestimmend war.

Aus Mißtrauen gegen die Verwalter rückte man von der Auflagenstiftung ab und führte die Erblaststiftung ein, und zwar zugunsten der Spitalinsas-

---

[11] R. Perger / W. Brauneis, Die mittelalterlichen Kirchen und Klöster Wiens, Wiener Geschichtsbücher, Bd. 19/20, S. 244.
[12] R. Perger / W. Brauneis, a.a.O., S. 245.
[13] R. Perger / W. Brauneis, a.a.O., S. 246.

I. Korporation – Anstalt – Stiftung

sen, für die schon zu Beginn des 14. Jahrhunderts Seelgerätsmahle zu liefern waren.

Der Testator legt fest, daß „von seinem Hause" ein Geldbetrag zur Abhaltung eines Jahrtags gezahlt werden soll. Hieraus erklärt sich der Ausdruck „Erblast". Die Vorstellung ist, daß die Erblast auf dem Grundstück ruht, und daß der jeweilige Eigentümer die Leistung zu erbringen hat. Dieser soll beispielsweise den Jahresbetrag an das Bürgerspital zahlen. Eine Wandlung trat etwa um die Mitte des 14. Jahrhunderts dadurch ein, daß das betreffende Grundstück mit einer entsprechenden Reallast zur dinglichen Sicherung der Rechte belastet wurde. Die Erblaststiftung ruht nunmehr auf bestimmten Grundstücken, deren Eigentümer Verpflichtungsträger ist, z. B. eine bestimmte Zahl von Armen auszuspeisen oder alljährlich einen Geldbetrag zum Altar der Spitalskirche für eine Wochenmesse zu entrichten hat (H. Lentze, a.a.O., S. 450 ff.).

4. Bürgerspitalstiftungen und Bürgerspitalfondstiftungen in Österreich

Das genannte Bürgerspital in Wien war in späterer Zeit Vorbild für ähnliche Einrichtungen. Im Jahre 1212 wurde ein Bürgerspitalfonds in Krems gegründet, der der Unterbringung, Versorgung und Unterstützung von armen Bürgern diente. Dies geschah auch in Perchtoldsdorf etwa um 1400. Der Zweck war auf eine ähnliche Betreuung von „arbeitsunfähigen Ortsbewohnern" und „die Beteiligung Bedürftiger" gerichtet[14]. Bereits im Jahre 1325 war in Tulln eine Bürgerspitalfondsstiftung zur Unterbringung, Verpflegung, Betreuung und Unterstützung armer und kranker Bewohner der Stadt gegründet worden; ähnlich 1299 in Eggenburg. Ein solcher Fond entstand ferner um 1400 in Ybbs a. d. Donau. Mitunter ist die Bürgerspitalstiftung auf eine bestimmte Zahl von Insassen beschränkt, so in Horn auf zwölf arme, sieche Menschen. Dort handelt es sich auch um die Errichtung einer Spitalskapelle (1395). Eine gleiche Einrichtung wird 1542 in Baden (Niederösterreich) eröffnet. Eine Versorgung von zehn Hausarmen strebt die Bürgerspitalstiftung Drosendorf an (1550). In St. Pölten entsteht 1539 ein Fonds zur Unterstützung armer Bürger. Die Bürgerspitalstiftung der Stadtgemeinde Waidhofen a. d. Ybbs aus dem Jahre 1764 bezweckt die Versorgung verarmter Bürger. In Spitz a. d. Donau wird im Jahre 1772 ein Bürgerspital „Allerheiligen" geschaffen. Vorausgegangen waren das Bürgerspital im Tale Wachau mit dem Sitz in Weissenkirchen (1766) und der Bürgerspitalfonds Herzogenburg (1765). Etwa zur gleichen Zeit wird das Bürgerspital Waidhofen a. d. Thaya, das der Unterbringung und Versorgung von fünf Armen dienen soll, errichtet. Etwa um diese Zeit wird auch das Bürgerspital Wil-

---

[14] Siehe die Aufzählung bei O. Stammer, Handbuch des österreichischen Stiftungs- und Fondswesens, 1983, S. 577 ff.

helmsburg gegründet. Der Zweck ist die Unterbringung und Betreuung von acht verarmten Bürgern. Am Ende des 18. Jahrhunderts entstanden in den Gemeinden Laa und Langenlois (beide in Niederösterreich) Bügerspitalfonds mit ähnlichen Zwecken wie oben erwähnt. Im Jahre 1824 wird ein Bürgerspital (Vogteistiftung) in Kilb gegründet. Der Stiftungzweck ist: freie Wohnung und Beheizung sowie wöchentliche geldliche Unterstützung von vier armen, alten, gebrechlichen Untertanen der Vogtei Kilb. Das Bürgerspital der Stadt Retz (1866) unterstützt Bürger seiner Stadt, die unverschuldeter Weise verarmten. Zu Beginn des 20. Jahrhunderts kommt es zur Errichtung eines Bürgerspitals in der Gestalt eines Fonds in Ebenfurth. Untergebracht werden Hausbesitzer aus Ebenfurth, die ohne eigenes Verschulden verarmt sind. Zur gleichen Zeit (1904) wird ein Bürgerspital in Mürzzuschlag gestiftet. Der Zweck ist die „zusätzliche Armenfürsorge". Im Jahre 1941 entstehen in der Stadt Bruck a.d. Leitha ein Bürgerspitalfonds und in Graz eine Bürgerspitalstiftung. Es geht um die Unterstützung Bedürftiger und Zuwendungen an Gewerberentner[15].

Die vorstehende Aufzählung deutet die Wandlung an, die sich seit dem 13. Jahrhundert dadurch vollzog, daß die kirchlich bestimmte Wohlfahrtspflege mit der Entfaltung des Bürgertums in den Städten allmählich auf die Bürgerschaft überging. Hierbei wirkten frommer Sinn und Wohlstand zusammen. Wie Stammer[16] hervorhebt, blieb die bürgerliche Wohlfahrtspflege dessen ungeachtet außerhalb der kirchlichen Entwicklung „unvorstellbar". Bis in das dreizehnte Jahrhundert hinein war das Spital mit dem Kloster räumlich und organisatorisch eng verbunden, und zwar dergestalt, daß die Zustiftungen von privater Seite in das klösterliche Vermögen übergingen[17]. Demgegenüber entfaltete sich das bürgerliche Spital eigenständig, und zwar in Richtung auf die weltliche Stiftung. Die Organisation des Vorstandes richtete sich nach dem betreffenden Stiftungsstatut. Auf die städtische Ver-

---

[15] Siehe hierzu grundsätzlich Stammer, a.a.O, S. 276, der die Wandlungen erläutert. Nach seiner Schilderung begann die Hospitalstiftung etwa im 12. Jahrhundert und erreichte im Laufe des 14. Jahrhunderts den Höhepunkt. Im Hinblick auf die Zunahme der Hilfsbedürftigkeit war die Einrichtung von Hospitälern notwendig. Als Stifter traten besonders die Landesherren in Erscheinung. In diesem Zusammenhange wird die Förderung des Stiftungswesens betont, die zuerst Ferdinand I. ins Werk setzte (Stammer, a.a.O., unter Hinweis auf v. Herrnritt, Das österreichische Stiftungsrecht, 1896, S. 75 ff.).
Unter der Regierung Maria Theresias werden zum Zwecke der Verwaltung des Stiftungswesens Kommissionen ins Leben gerufen, so die Stiftungskommission auf Grund des Hofdekretes vom 14. Februar 1750. Das Interesse der Kaiserin richtete sich vor allem auf die Spitäler und sonstigen milden Stiftungen (Stammer, a.a.O., S. 277 ff.).
[16] a.a.O., S. 272 ff.
[17] Zur klösterlichen Organisation: siehe neuerdings, Der heilige Leopold, Stift Klosterneuburg, 1985, S. 26 ff. (Floridus Röhrig, Die Gründung des Stiftes Klosterneuburg; G. Wacha, Die Verehrung des heiligen Leopold; F. Röhrig, Das Leben des heiligen Leopold, S. 16, wo auf das Pilgerspital in Klosterneuburg eingegangen wird). Ders., Leopold III. Der Heilige, Wien 1985, Lit. S. 201.

waltung der bürgerlichen Spitäler wird noch einzugehen sein. Sofern der Rat der Stadt die Verwaltung ausübte, stellte er auch kraft seines Patronatsrechts Seelsorger im Spital an[18].

5. Das Heiligengeisthospital von Wismar

Von den Hauptspitälern, die allgemeine Hilfeleistungen gewährten, zweigten sich im Laufe der Zeit besondere Spitäler für die einzelnen Arten der Hilfsbedürftigen ab. Manche Hauptspitäler entwickelten sich zu bürgerlichen Versorgungseinrichtungen, besonders im Rahmen von Pfrundhäusern. Zu dieser Kategorie gehören nach einer Zusammenstellung von Reicke (I, S. 296) vor allem die Heiliggeistspitäler zu Hildesheim, Lübeck, Hannover, Lüneburg, Rostock und Wismar.

Das Hospital zum Heiligen Geist in Wismar wird zum ersten Male 1253 urkundlich erwähnt: der in Wismar residierende Fürst Johann – der Theologe – übereignet dem Hause zum Heiligen Geist zwei Hufen Landes. Eine Urkunde aus dem Jahre 1255 handelt von der Anlage eines Kirchhofes auf dem Heiligengeisthofe. Ursprünglich wurden die Armen der Stadt Wismar von den drei Kirchen St. Marien, St. Nikolai, und St. Georgen betreut. In der angegebenen Zeit übernahm das Heiligengeisthospital, das vorübergehend zu St. Georgen gehörte, die Armenpflege. In einer Urkunde von 1269, die von dem Bischof von Ratzeburg und dem Fürsten Heinrich, theologus, unterzeichnet ist, wird folgendes festgelegt: „Es sollen in dem Hospital die Werke der Barmherzigkeit nach eines jeden Vermögen unter Mithilfe der Almosen der Gläubigen täglich geübt werden, Schwache sollen sich erholen, Arme und Geistesgequälte getröstet, die eines Obdachs Entbehrenden gastfreundlich aufgenommen, die Nackten gekleidet und noch andere Beweise der Liebe in reichlichem Maße beobachtet werden"[19]. In der Anfangszeit war das Spital ein Kranken-, Siechen-, Irrenhaus und ein Asyl für Obdachlose. Die Zweckbestimmung eines Altersheimes trat vorerst noch zurück. In einer späteren Entwicklungsstufe gesellten sich zu den armen Leuten die Prövner, die in besonderen kleinen Häusern wohnten. Diese wurden gegen eine einmalige Eintrittsgebühr aufgenommen[20].

In der Anfangszeit bildeten die Insassen, ob Prövner oder arme Leute, eine Spitalverbrüderung mit religiösem Einschlag. Auf der Heiligengeistkirche wurde ein Kreuz als Symbol der Armenpflege, am „Langen Hause" eine

---

[18] Stammer, S. 276 ff.
[19] Zu dem gesamten Entstehungsvorgang siehe Rudolf Kleiminger, Das Heiligengeisthospital von Wismar in sieben Jahrhunderten, Weimar 1962, der sich u. a. auf das Mecklenburgische Urkundenbuch und die Protokollbücher des Heiligengeisthospitals sowie die Ratsakten und Rechnungsakten stützt. Quellen- und Literaturnachweis XII ff., S. 24.
[20] R. Kleiminger, S. 25 ff.

Taube angebracht, die als Zeichen des Heiligen Geistes gedacht war. Im Jahre 1326 ist die Heiligengeistkirche nach ihrem Neubau geweiht worden; einige Jahre später der Kirchhof. Das Hospital nahm in mancher Hinsicht an dem wirtschaftlichen Aufstieg der Stadt Wismar im 13. und 14. Jahrhundert teil. Dies bezieht sich besonders auf den Erwerb von drei Meierhöfen und sechs Spitaldörfern sowie die Ausübung der hiermit verbundenen Rechte.

Die ständische Gliederung der Stadt und ihre Veränderungen wirkten sich mehrfach auf die Verwaltung des Hospitals aus. Diese lag bis zum Jahre 1319 in den Händen des Rates als eines Organes der Stadt. Später übernahmen einzelne Mitglieder des Rates die sogenannte Vormundschaft, insbesondere Bürgermeister und Ratmannen. Im 15. Jahrhundert treten vier Bürgermeister als Patrone auf. Ihnen sind die „Provisoren", die Bürgervertreter und die Hofmeister zur Rechnungslegung verpflichtet. In den späteren Jahrhunderten treten Abgeordnete aus der Bürgerschaft hinzu.

Diese hat sich erst nach und nach Zugang zum Vorstand des Hospitals verschafft. In der Frühzeit waren nämlich nur die Honoratioren ratsfähig. Erst zur Zeit der Demokratisierungsbestrebungen, die ihren Höhepunkt 1410 - 1415 erreichten, veränderte sich die Zusammensetzung der Hospitalsleitung. Denn nunmehr wurden auch „einfache Bürger"[21] zu „Vormündern" des Hospitals berufen. Die Empörung der Handwerker und gemeinen Kaufleute brachte im 15. Jahrhundert ständische Veränderungen grundlegender Art mit sich, so daß sich die „bürgerliche Opposition der gemeinen Kaufleute" „mit dem alten Patriziat" verbündete und ratsfähig wurde[22]. Die Reformation wirkte sich auf das Heiligengeisthospital auch in mehrfacher Hinsicht aus. Das Prövnerwesen wurde insofern beseitigt, als es unsozial gehandhabt worden war. Die Rechnungsführung unterlag fortan der Kontrolle der Bürger der Stadt. Die Bruder- und Schwesterschaften wurden aufgelöst. Eine evangelische Kirchenordnung wurde eingeführt[23].

Was die Entstehung des Hospitalvermögens und seine Anlage betrifft, so befinden sich im Vordergrunde die Renten und Leibrenten im Stadtbereich. Dazu kommen andere Renten, z.B. aus adeligen Gütern, schließlich selbstverwaltete Ländereien, die in der Nähe der Stadt liegen. Hervorgehoben wird auch das Eigentum an Mühlen und Teichen.

Ein umfangreiches Kapitel stellt die „Verwaltung der Hospitalhöfe durch die Stiftsoberen" dar. Dieser Begriff ist jedoch nicht näher erläutert, bleibt infolgedessen auch unklar. Den Ausgangspunkt bildet die Grundherrschaft des Hospitales über die Meierhöfe und Dörfer, die sich bereits im 14. Jahr-

---

[21] R. Kleiminger, a.a.O., S. 6ff., S. 94ff.
[22] R. Kleiminger, S. 9ff.
[23] P. Kleiminger, S. 12.

I. Korporation – Anstalt – Stiftung

hundert auszubreiten beginnt. Unter den Grundherren werden in diesem Zusammenhang die „Vormünder des Stiftes", an die die Meiereipächter und Bauern ihre Pacht, sei es in Natural- sei es in Geldleistungen, zu entrichten hatten, genannt. (Mit dem Ausdruck „Stift" ist hier vermutlich die Stiftung gemeint.) Mit der Grundherrschaft war die Hospitalgerichtsbarkeit verbunden[24]. Diese beschränkte sich im allgemeinen auf die niedere Gerichtsbarkeit, weil sich der Fürst selbst die hohe Gerichtsbarkeit vorbehielt. Wie Kleiminger[25] ausführt, hatte das Hospital in Wismar jedoch die hohe Gerichtsbarkeit über einige in die Verwaltung einbezogene Dörfer inne. In der Zeit des Dreißigjährigen Krieges und der nachfolgenden Schwedenzeit traten in der Verwaltung und Versorgung des Hospitals sowie dem Besitz der Ländereien beträchtliche Veränderungen ein, auf die jedoch hier nicht mehr eingegangen werden kann.

Der Gesamteindruck der zugrundegelegten Schilderung ist, daß die Geistlichkeit von der Verwaltung von vornherein ausgeschlossen war. Dessenungeachtet vereinigten sich die ursprüngliche, geistliche Grundstruktur des Hospitals und die weltliche Vermögensverwaltung zu einem einheitlichen Ganzen. Das Zusammenwirken der beteiligten Kräfte und Instanzen zeigt sich u. a. in der Bestellung des Priesters, der die Insassen seelsorgerisch zu betreuen hatte. Der Bischof und der Fürst bestellten den Priester, aber dieser sollte dem Rat der Stadt „genehm" sein. Der geistliche Ursprung offenbarte sich von vornherein in der Mitwirkung des Bischofs bei der Gründung und in der Inkorporation der Heiligengeistkirche in St. Georgen, die allerdings schon früh gelöst wurde. Der Bischof ermächtigte den Rat zur Errichtung einer Vikarei. Noch zu Beginn des 14. Jahrhunderts weihte der Ratzeburger Bischof den Hochaltar und den Kirchhof. In der späteren Entwicklung hat sich der Rat in wachsendem Maße mit der Regelung kirchlicher Angelegenheiten befaßt. Wie Hermann Conrad allgemein ausgeführt hat, griff die Stadt zuweilen in Gebiete ein, die bisher zur ausschließlichen Zuständigkeit der Kirche gehörten. Er fügt hinzu, daß die Einflußnahme des Rates nicht auf das Armen- und Spitalwesen beschränkt blieb, sondern auch auf das Klosterwesen übergriff[26]. Am Ende des Mittelalters trat der Rat der Stadt wie eine „kirchliche Oberbehörde" auf[27].

Nicht überall hat sich der Einfluß der Stadt gegenüber der kirchlichen Wohlfahrtspflege behauptet. So setzte sich z. B. die kirchliche Autorität in Worms, Trier und Halberstadt durch, vor allem zog in Mainz das Domkapitel die Leitung des Spitals schließlich an sich, nachdem die Bürgerschaft zuerst die Herrschaft erlangt hatte[28].

---

[24] P. Kleiminger, S. 114 ff., S. 146 ff.
[25] P. Kleiminger, S. 147 ff.
[26] Deutsche Rechtsgeschichte, Band I, S. 426, unter Hinweis auf A. Schultze.
[27] H. Conrad, a.a.O., S. 455, in dem Abschnitt „Stadtgemeinde und Kirche".
[28] S. Reicke, a.a.O., I, S. 242 ff.

6. Das Heiliggeisthospital von Nürnberg

Vorbemerkung

Zur Vorgeschichte: W. Schultheiß, Konrad Groß, sein Geschlecht und seine Zeit, in: „Aus der Geschichte des Heiliggeisthospitals" in FS anläßlich des 600jährigen Bestehens der Hl. Geistspitalstiftung, 1939, S. 19 ff. Groß, der einem ritterbürtigen, patrizerischen Geschlecht in Nürnberg angehörte, war Konsul (Ratsherr) im Kleinen Rat (bis 1339). In diesem Jahre erwarb er zusammen mit einem Frankfurter die Pfandschaft an der Reichsmünzstätte in Frankfurt a. M. Wie Schultheiß bemerkt, lebte der zum Reichsschultheiß ernannte Bürger Groß „als Parteigänger Ludwigs des Bayern im Kirchenbann". Von der Verwaltung des Spitals schloß er, nach Schultheiß, die kirchlichen Einrichtungen aus (S. 21 ff.). Jedoch ist anzuführen, daß der vom Rat bestellte Pfleger dem Bischof von Bamberg die Spitalpriester zur Bestellung vorschlug (S. 36). Überdies errichtete Groß sechs Pfründen für Priester (S. 40). Der Stifter konzipierte das Spital noch als „religiöse Gemeinschaft" zum Gedächtnis der Konvente des Heiligengeistspitalordens (S. 42). Der Rat ließ sich die Spitalpflegschaft von den Kaisern Ludwig und Sigmund bestätigen (1341/1434). Im Jahre 1424 wurde das Heiliggeistspital Stätte der Aufbewahrung der Reichskleinodien.

Die Untersuchung richtete sich bisher vorwiegend auf die Wandlungen des Spitalrechts. Der Akzent wurde hierbei auf die Entwicklung vom kirchlich-bruderschaftlichen zum bürgerschaftlichen Spital gelegt. Das Schwergewicht der Erörterungen ruhte jedoch nicht auf dem Spital, sondern dem Begriff der Stiftung. Um die mittelalterliche Gestaltung zu erkennen, war es notwendig, den Weg von der kirchlichen zur weltlichen Stiftung zu gehen. Die Verfassung der kirchlichen Bruderschaft ist daher ebenso eine Vorstufe wie die Ordnung der Spitalverhältnisse im einzelnen. Wie Liermann ausgeführt hat[29], ist das bürgerliche Spital nur eine Zwischenstufe zwischen dem bruderschaftlichen Spital und der Stiftung gewesen. Anfangs war die in Rede stehende Verbürgerlichung noch keine Verweltlichung des Spitalwesens[30]. „Das Spital blieb nach außen hin in überkommenen kirchlichen Formen eine kirchliche *Anstalt*, einem Spitalheiligen gewidmet. Aber die Kräfte, die in ihm wirkten, waren nicht mehr unmittelbar kirchlich. Sie kamen aus dem weltlichen Bürgertum"[31]. Mit der Institution einer Stiftung des Spitales war der Gedanke der Organisierung eines mehrgliedrigen Vorstandes verbunden. Die Mitglieder hießen vielfach nicht mehr procuratores, sondern gubernatores[32]. Mitunter trat auch die Bezeichnung Vormünder auf. Vielfach wurde die Stiftungsverfassung bereits vom Rat der Stadt errichtet.

---

[29] H. Liermann, a.a.O., S. 93.
[30] H. Liermann, a.a.O.
[31] H. Liermann, a.a.O., S. 93.
[32] S. Reicke, II, S. 73 ff., wo die Bezeichnungen in lateinischer und deutscher Sprache aufgeführt sind. Es handelt sich um die Träger der Pflegschaften.

I. Korporation – Anstalt – Stiftung

Wohlhabende Bürger beschritten mitunter den Weg der Privatstiftung, um ein bürgerliches Spital zu errichten. In der Stiftungsurkunde war allerdings vorgesehen, daß die Verwaltung später auf die Stadt übergehen solle. So geschah es in Nürnberg, wo der „reiche Bürger" Konrad Groß 1339 das Heiliggeisthospital zu Nürnberg gründete. Zu dem Errichtungsakt wurde der Bischof von Bamberg hinzugezogen, der die Stiftung bestätigte. Die Bezeichnung Heiliggeist war innerlich nicht gerechtfertigt, weil sie damals nur gewohnheitsmäßig gebraucht wurde. Den Stiftungsbrief beurkundete der öffentliche Notar am 13. Januar 1339. Der genannte Bürger gab dem Wunsch Ausdruck, die zeitlichen Güter gegen die himmlischen einzutauschen. Die Formulierung deutet auf ein Testament hin, so daß vermutlich eine letztwillige Errichtung der Stiftung gegeben ist, wenngleich Bestimmungen in der Urkunde niedergelegt werden, die für die Lebenszeit des Stifters gelten sollen. Im Vorspruch betont Konrad Groß, daß er ein Spital „zu einem lauteren und ewigen Almosen geschenkt, eingeräumt, zugeteilt und übereignet in reiner, ewiger, unwiderrruflicher Schenkung..." habe. Die Stiftung wird bestätigt sowohl vom Bischof von Bamberg als auch vom Rektor der Pfarrkirche St. Sebald Nürnberg, in dessen Sprengel das Spital liegt. Im Text der Urkunde wird der örtliche Ausdehnungsbereich innerhalb der Stadt Nürnberg abgegrenzt. Einbezogen werden zu den Häusern und Gebäuden eine Kapelle und ein Friedhof. Hinzu kommen alle Rechte und Zubehörungen, die mit den Grundstücken verbunden sind[33].

Eingehend geregelt wird die Seelsorge in der Spitalkapelle, auszuüben von sechs Priestern, zwölf Klerikern oder armen Scholaren. Ihre Aufgaben werden im einzelnen umrissen. Einer von den Priestern soll ein von den Patronen dem genannten Bischof zu präsentierender sein, der ihm die Seelsorge über die Insassen und die Verwaltung einräumen wird. Vom Dienste in der Kapelle sind Priester ausgeschlossen, die „zur Residenz mit einer anderen Pfründe oder einem Kirchenamt verpflichtet sind"[34]. Der Stifter ordnet ferner an, daß im Spital ständig ein Schulmeister tätig sein soll. Im Rahmen dieser Bestimmung wird zum ersten Mal in der Urkunde der *Pfleger* des Spitals erwähnt.

Es handelt sich um Unterhaltsleistungen, die er dem Ewigpriester, den anderen Priestern, dem Schulmeister und den armen Scholaren gewährt. Dabei wird bemerkt, daß Priester, Schulmeister und Schüler zu keinen

---

[33] Die Gründungsurkunde ist von G. Löhlein übersetzt und in den Mitteilungen des Vereins für Geschichte der Stadt Nürnberg, 52. Band, Nürnberg 1963 - 64, veröffentlicht (S. 65 ff.). Hier wird auf die Schriften von Emil Reicke, E. Mummenhoff, W. Schultheiß, A. Gemperlein und L. Schrott hingewiesen.
Die Urkunde ist im Stadtarchiv der Stadt Nürnberg, Urkundenreihe Stiftungen: 1339 I 13 enthalten, außerdem im alten Stiftbuch des Heiliggeistspitals abgedruckt. Vgl. hierzu Löhlein, S. 66, Anm. 4 - 8.

[34] G. Löhlein, a.a.O., S. 69.

anderen Aufgaben als zum Gottesdienst, zu den Lesungen und zum Studium herangezogen werden dürfen. Ein Schüler kann von dem Pfleger und dem Schulmeister von der Spitalpfründe ausgeschlossen werden, wenn er für ungebildet und ungeeignet für die wissenschaftliche Tätigkeit gehalten wird.

Die zu Ehren des Heiligen Geistes errichtete Kapelle soll mit dem Spital verbunden werden, weil sie hauptsächlich „zum Troste der Armen Christi im Spital" erbaut worden ist. Die Stiftungsurkunde sieht ferner vor, daß die zum Bistum Würzburg gehörige Pfarrkirche in Herzogenaurach mit dem Spital im Wege der Inkorporierung vereinigt wird, und zwar mit ausdrücklicher Zustimmung des Bischofs von Würzburg und seines Domkapitels.

Die Patrone haben für die Leitung und Verwaltung des Spitals geeignete Personen zu bestellen, die von ihrem Amt zu entfernen sind, wenn sie sich als ungeeignet erwiesen haben. Die Verwalter oder Pfleger des Spitals haben vor den jeweiligen Patronen einen heiligen Eid abzulegen, daß sie ihre Aufgaben im Spital dem Gesetze gemäß verrichten. Ihre Pflichten gegenüber dem Spital sowie den Armen und Kranken sind im einzelnen festgelegt. Mindestens einmal im Jahre haben sie den Patronen Rechnung zu legen und gegebenenfalls den Überschuß auszuhändigen. Über die Verwendung des Erlöses ist eine Ordnung aufgestellt. Diese bezieht sich auch auf die Behandlung der Pfründner. Das Recht, Pfründner aufzunehmen, steht nur den jeweiligen Patronen zu.

Die Spitalpfleger haben drei Pergamentregister anzulegen, die in erster Linie die gegenwärtigen Gründungs- und Stiftungsbriefe sowie sonstige Urkunden und Verschreibungen aufzeichnen. Das zweite Register hat das liegende Gut und die bewegliche Habe sowie alle Rechte, die dem Spital eigen sind, zu enthalten. Das dritte Register verzeichnet die Namen aller im Spital gestorbenen Armen sowie die Namen der im Spital geborenen und aufgezogenen Kinder.

Von besonderer stiftungsrechtlicher Bedeutung sind die Vorbehalte des Stifters auf Lebenszeit. Diese beziehen sich in erster Linie auf das Patronatsrecht, das Regiment, die Verwaltung und Leitung des Spitals sowie seiner „Rechte und Zubehörungen". Die Regelung hat zur Folge, daß Konrad Groß bis zu seinem Tode die gesamte Herrschaft über das Spital ausübt und die Vorstandschaft der Stiftung innehat. Diese Bestimmung deutet auf eine Errichtung der Stiftung unter Lebenden hin. Jedoch trifft diese Annahme kaum zu, weil er ferner bestimmt hat, daß *nach seinem Tode* das Patronatsrecht und die Leitung des Spitals seinem Sohne Heinrich und *nach dessen Tod* seinem zweitgeborenen Sohn Leupold „zustehen soll". Für den Fall, daß er selbst und seine beiden Söhne gestorben sind, sollen das Patronatsrecht, die Leitung und Verwaltung des Spitals usw. auf den Rat von Nürnberg übergehen (s. unten). Erbrechtlich betrachtet geht es zuerst um

I. Korporation – Anstalt – Stiftung

eine zweifache Substitution. Im Umfang der vererbten Rechte ist der Stifter Vorerbe, sein erster Sohn erster Nacherbe, sein zweiter Sohn zweiter Nacherbe. Aber die erbrechtliche Vorstellung greift später nicht mehr Platz, weil die betreffenden Anordnungen sich dann auf die Stiftungsverwaltung beziehen und deshalb die aufeinanderfolgenden Einsetzungen von Stiftungsverwaltern und Ersatzpersonen aus dem Rat der Stadt zum Gegenstande haben. Die Nachfolge nach dem Stifter ist jedoch jeweils vom Tode des Vorberechtigten abhängig, weshalb insoweit von einer Verfügung von Todes wegen gesprochen werden kann. Indes lassen sich die mittelalterlichen Rechtsverhältnisse nicht nach neuzeitlichem Erbrecht beurteilen.

Zur Bestreitung der Auslagen und zum Zwecke der Erfüllung der Spitalverpflichtungen hat der Stifter dem Spital ein weiteres „ewiges Almosen" zugewendet. Hinzugefügt ist, daß hiervon die Armen Christi, der Rektor und Pfleger des Spitals sowie der Notar (als Amtsperson) begünstigt sind.

Die Gegenstände des Vermögens werden im einzelnen aufgeführt, nämlich das Spital selbst sowie alle Reliquien von Heiligen, ferner die angegebenen Patronatsrechte und die Pfarrkirche von Herzogenaurach. Erwähnt werden auch Güter aus seinem väterlichen Erbe. Schließlich verschiedene Höfe und 24 Huben in der Pfarrei Hausheim. Alles dieses wird in vollem Umfange dem Spital einverleibt, und zwar mit allen dazu gehörigen Rechten. Um das Spital weiter ausbauen und die Erträgnisse vermehren zu können, hat er sich die ausdrückliche Befugnis vorbehalten, diese Erträgnisse auf angemessene Zeit unter Verzinsung als Darlehen zu geben. Vorbehalten hat er sich ferner das Recht, über die Güter und Besitzungen zu verfügen und sie „einzutauschen". Mit der Leitung und Verwaltung des Spitals ist das Recht verbunden, Verwalter oder Pfleger zu bestellen ebenso die Geistlichen und die für das Spital erforderlichen Personen. Der Stifter hat sich auch das Patronatsrecht an allen Kirchen sowie die Einsetzung der Priester in der Spitalkapelle auf Lebenszeit vorbehalten. Am Ende der Urkunde befinden sich noch die Genehmigungs- und Bestätigungserklärungen des Rektors und Pfarrers der Pfarrkirche von St. Sebald zu Nürnberg und des Bischofs von Bamberg Leupold von Gottes und des apostolischen Stuhles Gnaden[35].

Bereits im Jahre 1341, der Stifter lebte damals noch, wurde die angedeutete Regelung getroffen, wonach die Verwaltung des Hospitals nach dem Tode des Gründers und des ältesten Sohnes, von dem anderen Sohne war keine Rede mehr, auf die Stadt Nürnberg übergeht[36]. Im Laufe der Zeit wurde das Spital beträchtlich erweitert. In dem damaligen Zustande erhielt es sich im wesentlichen bis zur Gegenwart[37].

---

[35] Nach Reicke hat der Bischof von Bamberg mit Zustimmung des Rektors der zuständigen Pfarrkirche die Errichtung bereits im Jahre 1332 bestätigt; demgemäß handelte es sich in der Stiftungsurkunde um eine Wiederholung der Bestätigung.
[36] S. Reicke, I, S. 260.
[37] S. Reicke, a.a.O.

Am 14. November 1966 erließ die Stadt Nürnberg eine Satzung der *Heiliggeist-Spital-Stiftung Nürnberg*. Hiernach ist diese eine rechtsfähige, örtliche Stiftung des öffentlichen Rechts mit dem Sitz in Nürnberg. Ihre Zwecke sind ausschließlich und unmittelbar mildtätig und gemeinnützige (§§ 1, 2, Gemeinnützigkeitsverordnung vom 24. 12. 1953, BGBl. I, S. 1592). Die Satzung enthält weiter Bestimmungen über das Betriebsvermögen und die Stiftungsmittel.

Die Stiftung wird von der Stadt Nürnberg verwaltet und vertreten, und zwar nach Maßgabe der Bestimmungen des Bayerischen Stiftungsgesetzes (§§ 5 - 7). Die Stiftungsaufsicht steht der Regierung von Mittelfranken zu (§ 8).

Im Falle des Erlöschens der Stiftung fällt das noch vorhandene Vermögen der Stiftung an die Stadt Nürnberg, die es satzungsgemäß zu verwenden hat.

II. Die Stiftung der Fuggerei in Augsburg

1. *Der Stiftungsbrief von 1521*

Im späten 15. und beginnenden 16. Jahrhundert nahm die Stiftungsleistung einen „humanistischen" Zug an, der sich zunächst in der Vorstellung einer Familienstiftung ausprägte. Jacob Fugger übernahm die *Patronatsherrschaft* über die Moritzpfarrei und errichtete an der Annakirche in Augsburg die Grablege der Familie Fugger[1]. Aus der Verbundenheit des Stifters mit den Armen und Hilfsbedürftigen entstand der Stiftungsbrief Jacobs des Reichen vom 23. August 1521 (Fuggerarchiv Augsburg 5.I.I.S.I.)[2]. Dieser hatte im Kappenzipfel eine *Wohnsiedlung, die sogenannte „Fuggerei"*, aufbauen lassen. Es handelte sich um eine Unterbringung frommer Augsburger Bürger, die schuldlos verarmt waren. Die Absicht des Erbauers ging dahin, den untergebrachten Familien das Bewußtsein des Empfanges von Almosen zu ersparen. Es sollte daher kein Spital, sondern eine Siedlung geschaffen werden, die den Bedachten ein individuelles Dasein in abgeschlossenen Wohnungen von Gärten umgeben ermöglichte. Diese „Idealstadt der Armen" wurde im Hinblick auf den Gründer und seine Familie „Fuggerei" bezeichnet. Der Mietzins war niedrig gehalten. Aber die Gegenleistung für die „Gnadenwohnungen" bestand im Grunde genommen nicht in dem Mietzins, der nur auf eine Anerkennungsgebühr hinauslief, vielmehr in dem gemeinsamen täglichen Gebet, das die Untergebrachten für den Stifter und

---

[1] Götz Freiherr von Pölnitz, Die Fugger, Frankfurt a. M., 1960, S. 296 ff., der darauf hinweist, daß das Unternehmerdenken jener Zeit „mit dem religiösen Lebensgefühl einer bürgerlichen Welt des ausklingenden Quattrocentro" untrennbar verknüpft blieb.

[2] Liermann, a.a.O., S. 312, i. V. mit S. 166 ff.

die sonstigen Wohltäter verrichten mußten. Die Bedachten schlossen die Seelen der Verstorbenen in ihr Gebet ein, um ihnen über den Tod hinaus Beistand zu leisten. Eine derartige Motivation entsprach in etwa dem Charakter des Seelgerätes, das sich in den Städten als Stiftung ausbreitete.

Das Seniorat der Familie Fugger wählte die Aufzunehmenden in freier Entschließung aus der bedürftigen Augsburger Bürgerschaft aus. Im Stiftsbrief gedenkt Jacob Fugger der Reiche, der von 1459 bis 1525 lebte, zunächst seiner beiden Brüder, nämlich Ulrichs d. Ä. (1441 - 1510) und Georgs (1453 - 1506). Da beide im Zeitpunkt der Errichtung der Stiftung bereits verstorben waren, bezieht Jacob ihre Söhne, nämlich Ulrich d. J. (1490 - 1525) sowie Raymund (1489 - 1535) in den Stiftungstext ein[3]. Hierbei werden die *handelsgesellschaftlichen Beziehungen*, die die Genannten verknüpften, erwähnt, ferner eine Schuldverschreibung vom 6. August 1521. „Auch ferer Ich und mene vettern, gott zu lob, und ehren, auch armen taglohnern und handtwerckhern zu hilff, ettliche heuser allhie zu Augspurg im Cappenzipfel genant gepauen und die weitter an gemelten ort zu vollenden fürgenommen, alles und jegklichs von ains tails mein und meiner zwayer gebrüder und nach Irem abgang von meinem und meiner bruder sön aigen, und sonderlich auch von dem guet, so sy meine bruder, desgleichen Ich und meine vettern, gott dem allmechtigen und seinen haillgen zu lob, in namen sant Ulrichs laut unser aller geselschaft vereinigung, für oder ausgesetzt, darzu von den 15000 gulden, so ich in ainer meiner geselschafft rechnung, durch mich auf freytag, sant Vallentinstag (14. Febr.) des 1511 jars beschehen, und jetzo in ainer meiner verschreibung und erklärung durch mich auf den 6.tag des monats Augusti ditz gegenwurtigen 1521 jars darüber aufgericht angezaigt hab, ..."[4]. In dem weiteren Text überträgt Jacob der Reiche seinen Vettern, gemeint sind die Neffen, die Verwirklichung der Stiftung nach seinem Tode. Hierbei legt er fest, daß die betreffenden Häuser Frauen, armen Taglöhnern, Handwerkern sowie Bürgern und Einwohnern der Stadt Augsburg, die bedürftig sind, „ump gottes willen gelichen werden ...". Hiermit werden Raymund und Ulrich Fugger und ihre Nachkommen männlichen Stammes betraut. Des weiteren setzt der Stifter von seinem und seiner Neffen Gut und dem gemeinsamen Gesellschaftsvermögen 10 000 Gulden aus und bestimmt im einzelnen die Verwendung von „zins und gült" zum Zwecke der Erhaltung und Verbesserung der gestifteten Anlage. Weitere Bestimmungen befassen sich mit der Verwaltung des Stiftungsvermögens durch Exekutoren und die erbrechtliche Regelung nach dem Tode der Söhne Ulrichs und „Jörigs".

---

[3] Siehe hierzu: Genealogie des Hauses Fugger von der Lilie, Stammtafeln, von G. Nebinger und A. Rieber, Tübingen 1978, S. XVIII, XIX, in: Schwäbische Forschungsgemeinschaft bei der Kommission für Bayerische Landesgeschichte, Reihe 4, Band 17, Studien zur Fuggergeschichte, hrsg. v. Hermann Kellenbenz, Band 26.
[4] Text des Stiftsbriefes bei Liermann, Urkunden, S. 313ff.

2. Die Testamente der Familie Fugger

Von den Stiftungen des Hauses Fugger sind die Testamente der Familie gesondert zu behandeln. Die frühen Neffentestamente beziehen sich auf die Brüder Ulrich und Hieronymus sowie ihren Vetter Anton (1516 und 1517). Jacob Fugger der Reiche legte sein erstes Testament am 27. August 1521, also nur wenige Tage nach dem Stiftsbrief vom 23. August desselben Jahres nieder. In diesem Testamente ließ sich Jacob von seinen Erben, den vier Neffen, ihr Einverständnis mit dem Inhalt bestätigen. Hieraus ist geschlossen worden, daß das Testament einen gewissen „erbvertraglichen Charakter" annahm[5]. Sein zweites Testament errrichtete Jacob Fugger am 25. Dezember 1525, durch welches er die vorausgegangene letztwillige Verfügung aufhob. Das zweite Testament ist im Zusammenhang mit anderen Urkunden wie ein „Grundgesetz" der Familie Fugger angesehen worden[6]. In dieser Verfügung kehren Seelgerätsbestimmungen und fideikommisähnliche Grundbesitzfestlegungen wieder. Der im ersten Testament als einer der vier Miterben vorgesehene Ulrich Fugger, der Testamentsvollstrecker war, starb wenige Monate vor Jacob dem Reichen, der am 30. Dezember 1525 verschied. Der Tod Ulrichs machte eine neue Erbregelung erforderlich, nach welcher nunmehr die Neffen Anton, Raymund und Hieronymus, ein jeder zu einem Drittel, als Universalerben eingesetzt wurden. Auffallend ist, daß die in Rede stehenden Stiftungen nicht in den Testamenten errichtet wurden. Jedoch ist hervorzuheben, daß Jacob die Verwaltungsbefugnis über die Stiftungsgüter in den Händen der drei Neffen und ihrer männlichen Erben festlegte. Er ordnete ferner an, daß über das Vermögen der Fuggereistiftung nur eine gemeinschaftliche Verfügung stattfinden könne[7]. Hierbei brachte er deutlich zum Ausdruck, wie sehr er sich mit den *Stiftungen St. Anna, St. Moritz* und nicht zuletzt mit den gestifteten Häusern *im Cappenzipfel* verbunden fühle.

Die Stiftung der *Nürnberger Welser* aus dem Jahre 1539 ist im Prinzip eine Familienstiftung, wenn auch kombiniert mit einer handelsrechtlichen *Familiengesellschaft*[8]. Allerdings ist für einen bestimmtem Fall, nämlich dem Tode des letzten Welsers vorgesehen, daß der Stiftungsrest den Armen und Dürftigen anfällt[9].

---

[5] G. Simmacher, Die Fuggertestamente des 16. Jahrhunderts, I. Darstellung, Studien zur Fuggergeschichte Band 16, hrsg. v. Götz Freiherr v. Pöllnitz, S. 47.

[6] G. Simmacher, a.a.O., S. 104.

[7] G. Simmacher, a.a.O., S. 97.

[8] Stiftungsurkunde vom 1. April 1539 für die Welsersche Familienstiftung, abgedruckt bei H. Liermann, a.a.O., S. 316 ff.

[9] H. Liermann, a.a.O., S. 318.

2. Hauptteil

Die kodifizierte Körperschaftsverfassung

I. Korporationen und Stiftungen im ALR

a) Das System des ALR

Am Beispiel der frommen Stiftungen, die im Mittelalter verschiedene Rechtsgestalt annahmen, wurde die Problematik offenbar, die durch das Zusammentreffen des Personenverbandes mit dem Vermögensverband entstand, denn immer wieder lag die Frage nach dem Rechtsträger des Vermögens nahe. Eine Sonderstellung nahm das Korporationsvermögen der Spitäler und Stiftungen ein. Am Ende des 18. Jahrhunderts versuchte die Theorie aus den Lehren des usus modernus pandectarum personenrechtliche Vorstellungen über die Rechtsnatur von den Körperschaften und Vermögensmassen zu gewinnen. Die Vernunftsrechtler gingen einen Schritt weiter, indem sie die Vereinigung mehrerer Personen durch einen Gesellschaftsvertrag zu begründen versuchten. Auf diesem Wege entwickelte sich die vernunftsrechtliche Konzeption von der *„menschlichen Gesellschaft"*. Demgemäß legte das ALR fest, daß die Rechte und Pflichten der verschiedenen Gesellschaften im Staate durch ihr „Verhältnis unter sich und gegen das Oberhaupt des Staates" näher bestimmt werden. Das Gesetzbuch regelt auf der Grundlage der naturrechtlichen Gesellschaftslehre zuerst die Familiengesellschaften und die Gesellschaften überhaupt und Korporationen[1]. Die *bürgerliche Gesellschaft* als Ganzes gesehen setzt sich aus einzelnen Gesellschaften und Ständen zusammen, in die der einzelne eingefügt ist.

Von „Gesellschaften überhaupt" handelt das ALR in dem Sinne, daß darunter Verbindungen mehrerer Mitglieder des Staates zu einem gemeinschaftlichen Endzwecke verstanden werden[2]. Wenn dieser mit dem gemeinen Wohl vereinbar ist, sind derartige Gesellschaften erlaubt. Wenn er aber gegen die Ruhe, Sicherheit und Ordnung verstößt, ist die Gesellschaft „unzulässig". Das Gesetz bezeichnet sie als unerlaubt. Unabhängig von

---

[1] Siehe O. v. Gierke, Deutsches Privatrecht, I, Allgemeiner Teil und Personenrecht, 1895 (Neudruck 1936), S. 462 Anm. 15, unter Hinweis auf Nettelbladt; H. Hattenhauer, Grundbegriffe des Bürgerlichen Rechts, 1982, S. 25; H. Eichler, Personenrecht, 1983, S. 214.

[2] II 6 § 1.

dieser Unterscheidung kann der Staat Gesellschaften verbieten, sobald sich herausstellt, daß sie „andern gemeinnützigen Absichten und Anstalten" entgegenwirken. Unzulässige und verbotene Gesellschaften haben als solche keine Rechte[3]. In Ansehung des Verfassungsrechts hat Hattenhauer[4] darauf aufmerksam gemacht, daß sich der Gegensatz von erlaubten und unerlaubten bzw. verbotenen Gesellschaften geschichtlich daraus erklärt, daß die früheren universitates zu ihrer Gründung eines kirchlichen oder weltlichen Privileges bedurften. Das ALR spricht sogar abgesehen von den ausdrücklich genehmigten von privilegierten Gesellschaften. Diese Letztgenannten werden nach dem Inhalt ihres Privileges behandelt[5]. Nach der Legaldefinition sind die Gesellschaften keine moralischen Personen, weshalb sie keine Rechte im Namen der Gesellschaft erwerben können. Es wird aber hinzugefügt, daß die „Gesellschaften unter sich" die inneren Rechte der Korporation und Gemeinen" haben. Gemeint ist hiermit das Innenverhältnis, denn die folgende Vorschrift (II 6 2 6 15) legt fest, daß ein ausscheidendes Mitglied am Gesellschaftsvermögen nur insofern zu beteiligen ist, als das „Mitglied einer Corporation und Gemeine dazu berechtigt" ist. Das erworbene Vermögen wird gemeinschaftliches Eigentum der Mitglieder, demnach Gesamteigentum.

b) Corporationen

Im allgemeinen gilt der Grundsatz, daß die Rechte der Corporationen und Gemeinen nur besonderen vom Staate genehmigten Gesellschaften zustehen. Voraussetzung für die Genehmigung ist (es handelt sich um eine Ermessensentscheidung), daß sich die Gesellschaften zu einem dauernden gemeinnützigen Zwecke gebildet haben[6]. Die Rechtsverhältnisse dieser Institution richten sich nach den bei ihrer Errichtung abgeschlossenen Verträgen, im übrigen nach den staatlichen Privilegien und Konzessionen. In diesem Zusammenhange, der sich auf Corporationen bezieht, werden auch die Stiftungsbriefe erwähnt, so daß auf diesem Wege die Stiftungen in die Regelung einbezogen werden, die für Corporationen getroffen wird[7]. Thematisch ist hervorhebenswert, daß die Rechte und Pflichten „der Gesellschaft und ihrer Mitglieder" und die wegen der gemeinschaftlichen Angelegenheiten getroffenen Einrichtungen die „Grundverfassung" dieser Corporation ausmachen[8]. Die Bezeichnung Grundverfassung zieht sich durch das Gesetz und wird vom Schrifttum[9] kommentiert. Nach der Vorstellung des Gesetzes

---

[3] II 6 § 1, 6.
[4] a.a.O., S. 25.
[5] II 6 § 22.
[6] II 6 § 25.
[7] II 6 § 26.
[8] II 6 § 27.

gehören die zur Erreichung des Zweckes der Gesellschaft erforderlichen Mittel zur Grundverfassung. Hiermit soll zum Ausdruck gebracht werden, daß über die Mittel nur die „moralische" Person selbst Beschlüsse fassen kann. Sonderregelungen gelten für die Abänderung und Aufhebung der Grundverfassung. Für die Auslegung „von Verfassungsgesetzen einer Gesellschaft" gelten die allgemeinen Normen betreffend die Auslegung von Verträgen, Gesetzen und Privilegien. Wenn hierbei eine allgemeine Erklärung mit zukünftiger Wirkung beschlossen werden soll, kann dies nur mit Genehmigung des Staates geschehen. Falls kein Beschluß zustandekommt, ist der Staat zur Intervention berechtigt[10].

Was die *Mitgliedschaft* anbetrifft, so unterwirft sich jedes Mitglied durch seinen Eintritt in die Corporation der *Verfassung*. Die Systematik wird von der Einteilung in innere und äußere Rechte beherrscht. In der ersten Hinsicht wird die Verpflichtung jedes Mitgliedes statuiert, seine Handlungen auf den gemeinschaftlichen Zweck einzurichten und zur Erreichung dieses Zweckes mitzuwirken. Mitglieder, die diesem Ziele vorsätzlich oder „sonst beharrlich" zuwiderhandeln, können von der Corporation ausgeschlossen werden. Diese Befugnis kann nur unter Aufsicht des Staates ausgeübt werden. Dem „ausgestoßenen" Mitglied steht der Rechtsweg offen. Die Gesamtregelung trägt nicht nur vereinspolizeilichen Charakter, sondern nimmt auch strafrechtliche Züge an. Der Staat kann nämlich der Corporation das Recht einräumen, „Strafverfügungen" zu erlassen, wenn die Mitglieder in dieser Eigenschaft Vergehen begangen haben. Gegen derartige Strafverfügungen findet die Berufung auf die „vom Staate angeordneten Richterstühle" statt. Die Mitglieder haben das Recht, aus der Vereinigung auszuscheiden; diese hat das Recht, neue Mitglieder mit Einverständnis des Staates aufzunehmen. Die inneren Angelegenheiten werden durch die Beschlüsse der Mitglieder nach dem Mehrheitsprinzip geordnet. Das *Corporationsvermögen* ist den Beschlüssen der Mitglieder gemäß zu verwalten. Die Beschlußfassung erstreckt sich auch auf die „Ausübung der äußeren Gesellschaftsrechte"[11]. Bei Stimmengleichheit entscheidet die Aufsichtsbehörde. Die Grundverfassung kann nur einstimmig geändert oder aufgelöst werden. Dem einzelnen Mitgliede können Sonderrechte nicht genommen und besondere Lasten nicht auferlegt werden, ohne daß es seine Zustimmung erteilt. Für die Verbindlichkeiten der Corporation haften die Mitglieder nicht persönlich, sondern das Corporationsvermögen. Für den Fall daß dieses erschöpft ist, können die Beiträge der Mitglieder zum Zwecke der Tilgung der Schuld entsprechend erhöht werden.

---

[9] Förster / Eccius, Preußisches Privatrecht, IV. Band, Sechste Auflage, Berlin, 1893, S. 664, die darauf hinweisen, daß das Gesetz nicht klar zwischen Grundverfassung und anderen Verfassungen unterscheidet.
[10] II 6 § 34 ff.
[11] Förster / Eccius, a.a.O., S. 666.

Die sog. äußeren Rechte beziehen sich auf die Stellung der Corporation im Rechtsverkehr, in dem sie eine „moralische Person" darstellt[12]. Die Vorstellung des Gesetzes ist, daß die bereits existierende Gesellschaft das staatliche Privilegium erhält, als moralische Person betrachtet zu werden; wie Förster/Eccius ausführen, erzeugt die staatliche Verleihung der Corporationsrechte nicht die Rechtspersönlichkeit, weil der Verleihungsakt die Gesellschaft als bereits existent voraussetzt[13]. Der Ausdruck *„moralische Person"* wurde am Ende des 18. Jahrhunderts als Vorläufer der juristischen Person geprägt[14]. Der Begriff „moralisch" deutet nicht mehr auf ethische Werte hin, sondern wird im personenrechtlichen Sprachgebrauch verwendet, weil es sich bei dem „Personsein" der Gesellschaft um etwas „Unstoffliches, Vergeistigtes" handelt[15]. Die moralischen Personen werden im Rechtsleben wie andere einzelne Mitglieder des Staates beurteilt. Jedoch können sie ohne Einwilligung „der ihnen vorgesetzten Behörde" unbewegliche Sachen weder erwerben noch veräußern oder verpfänden[16]. Das gleiche gilt für die Belastung, wofür die Grundstücke oder deren Nutzung auf längere Zeit als ein Jahr haften[17]. Unter das Kapitel „äußere Rechte" fallen auch diejenigen Angelegenheiten, die zwar nicht die moralische Person als solche betreffen, aber ihre sämtlichen Mitglieder zusammen genommen.

Was die *Organe* angeht, so bezeichnet sie das Gesetzbuch als *Repräsentanten*, die die Gesellschaftsrechte nach außen ausüben oder als Vorsteher, deren Zahl die Verfassung bestimmt. Erforderlich ist mindestens ein Vorsteher. Dem *Vorstand* steht die Geschäftsführung nach Maßgabe der Verfassung unter Verantwortlichkeit gegenüber der Corporation zu. Außerdem übt er die Aufsicht über die „Beamten" aus, die von der Corporation nach freiem Entschluß angestellt werden können. Ihre Tätigkeit erstreckt sich im allgemeinen auf die Verwaltung des Vermögens. Besonderen Beamten, die die Bezeichnung Syndici tragen, kann die Erledigung von Rechtsangelegenheiten übertragen werden. Ihr Rechtsverhältnis zur Corporation ist ein vertragliches. Mit Rücksicht darauf, daß die Vorsteher ein notwendiges Organ sind, ist ihre Rechtsstellung eine organschaftliche, wohingegen Repräsentanten und Beamte bestellt werden können. Der Vorsteher ist zugleich Repräsen-

---

[12] ALR II 6 § 81. Die Bestimmung spricht von den Geschäften des bürgerlichen Lebens.
[13] Förster/Eccius, a.a.O., S. 663. „Alles was bisher den zur Gesellschaft vereinigten Mitgliedern gehört hatte, gehört nach dem Akt der Staatsregierung nicht weniger der Gesellschaft, aber es gehört ihr jetzt, als einer von den einzelnen Gesellschaftern verschiedenen Person." Jedoch handelt es sich nicht um eine Succession.
[14] Siehe hierzu neuerdings Schnizer, H., Die juristische Person in der Kodifikationsgeschichte des ABGB, FS Walter Wilburg, Graz 1965, S. 143 ff.; Ostheim, Zur Rechtsfähigkeit von Verbänden im österreichischen bürgerlichen Recht, 1967, S. 41, 162 u. a. O.
[15] Hattenhauer, a.a.O., S. 24.
[16] II 6 § 83.
[17] II 6 § 85.

tant, indem er die Corporation vertritt. Die Tätigkeit des Vorstandes kann von einem Aufsichtsrat überwacht werden.

Eine Haftung der Corporation für den Schaden, den die Organe einem Dritten zufügen, wird vom ALR nicht ausdrücklich geregelt, indes neigt das Schrifttum dazu, die schuldhaften Willensentschlüsse der Repräsentanten in ihren Folgen der Corporation zuzurechnen. Es gewinnt aber den Anschein, als ob hierbei mehr an Verträge als an Delikte gedacht wird[18].

c) Stiftungen auf korporativer und familienrechtlicher Basis

Wie bereits angedeutet, nimmt der erörterte Titel an verschiedenen Stellen stiftungsrechtliche Normen auf. Bereits § 73, der von Zuwendungen eines Fremden an die Corporation handelt, hat die Stiftung im Auge. In der folgenden Vorschrift geht es um die veränderten Umstände, die nach dem Tode des Stifters zu berücksichtigen sind. Im allgemeinen gilt der vorgesehene Zweck der Stiftung als unabänderlich, es sei denn, daß er mit den vorgegebenen Mitteln und Einrichtungen nicht erreichbar ist oder gar verfehlt wird[19]. Wenn die von dem Stifter vorgenommenen Einrichtungen schon zur Zeit der Errichtung der Stiftung für zweckwidrig befunden werden, so ist die Corporation zur „Annahme" einer solchen Stiftung nicht verpflichtet[20]. Sind in der Stiftung bestimmte Personen bedacht, so kann von einer solchen Zuwendung ohne ihre Zustimmung oder Entschädigung nicht abgegangen werden. Bei der Regelung der Rechtsstellung der Repräsentanten geht das Gesetz auch auf die Stiftungsverträge ein[21]. Nach gesetzlicher Regel werden die Repräsentanten als Bevollmächtigte und gegebenenfalls als Verwalter fremden Gutes betrachtet, sofern nicht abweichende Bestimmungen in besonderen gesetzlichen Vorschriften, darunter auch Stiftungsgesetzen, gelten.

In dem Abschnitt Vorsteher" wird es zur Pflicht gemacht, daß „nichts wider die Stiftungsgesetze, und wider die Rechte des Staats vorgenommen und beschlossen werde". Schließlich wird der Stifter in der Regelung der Aufhebung der Corporation und Gemeinen[22] berücksichtigt.

Nach dem System des ALR werden die *Familienstiftungen* den Gesellschaften und Corporationen im Vierten Titel des Zweiten Teiles vorangestellt. Das Gesetz versteht darunter Anordnungen, durch welche der Stifter „gewisse Hebungen" von bestimmten Grundstücken oder Capitalien für

---

[18] Siehe Förster / Eccius, a.a.O., S. 674 „die Willensbildung der Repräsentanten steht derjenigen durch Korporationsbeschlüsse gleich.
[19] II 6 § 77.
[20] II 6 § 80.
[21] II 6 § 115.
[22] II 6 § 189 ff.

eine Familie aussetzt und anweiset"[23]. Hierher gehört auch die Einräumung von Vorrechten und Befugnissen an eine Familie[24]. Die Familienstiftung wird durch eine Legaldefinition von dem *Fideicommiss* abgegrenzt. Sofern angeordnet wird, daß die Zinsen eines Kapitals einer bestimmten Familie zugute kommen sollen, ist eher eine Familienstiftung als ein Fideicommiss anzunehmen. Jeder Einwohner des Staates ist berechtigt, Familienstiftungen zu errichten, sei es durch Vertrag, durch einseitige Verfügungen unter Lebenden oder durch letztwillige Verfügung. Die Stiftungsurkunden sind vor dem „ordentlichen persönlichen Richter" zu verlautbaren und von ihm zu bestätigen. Sofern dies nicht während der Lebenszeit des Stifters geschieht, hat der Vorsteher „der zum Genusse der Stiftung berufenen Familie" die Verlautbarung vor dem Richter vorzunehmen. Vor der gerichtlichen Beurkundung können keine Rechte gegen die Stiftung geltend gemacht werden. Die den Familienmitgliedern zustehenden Rechte und Pflichten beurteilen sich lediglich nach dem Inhalte der Stiftungsurkunde[25].

Die Stiftung ist verfassungsrechtlich entstanden, wenn die richterliche Bestätigung erteilt wird. Das Eigentum an den gestifteten Gegenständen geht in diesem Zeitpunkt ohne weiteres, d.h. ohne Annahmeerklärung, auf die Stiftung über. Die Umschreibung von Liegenschaftsrechten im Grundbuch hat nur deklaratorische Bedeutung. Die Übertragung ist Aufgabe des Stiftungsorgans, das die Vermögensrechte der Stiftung gegen den Stifter oder dessen Erben geltend machen kann. Die Gepflogenheit der Stifter, die Bedachten allgemein zu benennen, etwa als Verwandte oder Nachkommen, veranlaßte den Gesetzgeber, eine Handhabe für Auslegungen zu bieten. Zum Beispiel werden unter „Verwandten" nach ausdrücklicher Vorschrift auch Personen weiblichen Geschlechts und die hierdurch vermittelten Schwägerschaften verstanden[26].

Der Vorsteher der Familie ist für die Ausführung der Stiftungsurkunde und für die „Aufrechterhaltung" der der Familie daraus zukommenden Rechte verantwortlich[27]. Das Gesetz betont, daß die Familie den wesentlichen Inhalt der Stiftungsurkunde nicht aufheben noch abändern kann, auch nicht durch einstimmigen Beschluß. Hierzu ist zu bemerken, daß es nach dem ALR Aufgabe des Vorstehers der Familie ist, u.a. für die Erhaltung der gemeinschaftlichen Familienrechte zu sorgen. Die Ordnung gemeinschaftlicher Familienangelegenheiten vollzieht sich durch „Schlüsse" der ganzen Familie. Hierbei tritt der Vorsteher gleichsam als „Vertreter" auf, jedoch wird man ihn nicht als gesetzlichen Vertreter der *Familie im Sinne einer*

---

[23] II 4 § 21 ff.
[24] II 4 § 22.
[25] II 4 § 34.
[26] II 4 § 37.
[27] II 4 § 38.

juristischen Person bezeichnen können[28]. Über die Sicherstellung oder Verwendung der Stiftungseinkünfte kann die Familie Beschlüsse fassen, um Veränderungen herbeizuführen, die den Zeitumständen angemessen sind.

Für den Fall, daß die Stiftung nicht die Interessen der Familienmitglieder bezweckt, sondern öffentliche Interessen verfolgt, sei es auch neben der Förderung der Familie, liegt keine Familienstiftung vor.

Nachzutragen ist, daß der einzelne Destinatär kein Eigentum an dem Vermögen der Familienstiftung erwirbt, sondern nur als Gläubiger der Stiftung angesehen wird. Diese Anschauungsweise hängt damit zusammen, daß die Familie damals in stiftungsrechtlichem Zusammenhange als eine rechtliche Einheit und wie eine juristische Person konzipiert wurde.

Die Gesamtregelung der Familienstiftungen legt die Schlußfolgerung nahe, daß die Stiftungen im ganzen gesehen eine zur rechtlichen Eigenart entfaltete Institution, nicht nur eine Unterart der Korporationen waren. Hiergegen spricht nicht, daß die stiftungsrechtlichen Normen in verschiedenen Abschnitten des Gesetzbuches zu finden sind. Auch der Umstand, daß Stiftungen von Korporationen verwaltet werden, besagt noch nicht, daß sie als eigenständige Rechtseinrichtungen vom Gesetz abgelehnt werden. Andererseits ist sicher, daß die Existenz der Stiftung von der der Körperschaft insofern abhängig ist, als diese „als der eigentliche Träger des Stiftungsvermögens in Erscheinung tritt"[29]. Ob das sog. Kollegialsystem, das auf die kirchlichen Stiftungen bezogen wird, auch im Recht der weltlichen Stiftung zum Ausdruck gelangt ist, kann dahingestellt bleiben. Anzuerkennen ist lediglich, daß die Konstruktion der Stiftungen als juristischer Personen im 18. Jahrhundert zunächst noch unüberwindliche Schwierigkeiten bereitete, und daß die staatliche Verleihung der Korporationsrechte ein derart beherrschender Gesichtspunkt war, daß hiervon die Stiftungen erfaßt wurden. Jedoch wurde ihre Wesenheit im Grunde genommen nicht angetastet, wie die Rechtsfigur der Familienstiftung zeigt, die der Gesellschaft und Körperschaft vorangestellt wurde. Schließlich lag der entscheidende Nachdruck weniger auf der Korporation als auf der Rechtsfigur der moralischen Person, die die Naturrechtslehre gerade entwickelt hatte.

Einer besonderen Darstellung bleiben die *Armen- und Versorgungsanstalten*, die das ALR behandelt[30], vorbehalten. Es handelt sich hier beispielsweise um Hospitäler und Armenhäuser im Sinne der Darlegungen innerhalb

---

[28] Förster / Eccius, a.a.O., S. 251. Die Rechtsfrage ist kontrovers. Förster / Eccius nahmen an, daß die Familie eine juristische Person ist. Förster selbst vertrat die Gegenansicht. Siehe hierzu im Einzelnen Förster / Eccius, a.a.O., S. 252 ff. unter Hinweis auf Gerber.
[29] H. Liermann, a.a.O., S. 185 ff., der von dem kollegialistischen Rechtsdenken und der Gestaltung des Kirchenvermögens im ALR ausgeht.
[30] Vgl. ALR II 19 § 37, § 41.

des ersten Hauptteiles. In diesen Anstalten wird der Begriff piae causae weiter entwickelt[31].

II. Die Entwicklung der körperschaftlichen Verfassung in der Körperschaftstheorie

a) Genossenschaft, Körperschaft, Mitgliedschaft und Organtheorie

Die genannte Theorie integriert die Körperschaftsmerkmale in eine Verfassung eigener Art, die sich den verschiedenen Systemen anpaßt. Längst in der Genossenschaftstheorie und ihren Anwendungsfällen vorbereitet[1] erscheint schließlich die körperschaftliche Verfassung im gesamten gesellschaftlichen und staatlichen Zusammenhang der Institutionen des „Deutschen Privatrechts"[2]. Die Organisation beruht auf der verfassungsmäßigen Konstituierung der betreffenden „Elemente" zu einem mit „einheitlichem Leben begabten Körper"[3]. Auf der Grundlage der Verfassung entwickelt sich der „neue Begriff der Organe", deren Funktionen festgelegt werden. Zu ihnen gehört in erster Linie die Mitgliederversammlung, deren Beschlüsse aus einem einheitlichen Entschlusse des Gemeinwesens hervorgehen[4]. Zur körperschaftlichen Verfassung führt die Erkenntnis, daß am Anfang die Existenz einer Körperschaft ursprünglich ohne weiteres aus geschichtlichen Notwendigkeiten hervorging. Später war jene indes das „Resultat eines konstitutiven Willensaktes". In der Grundstufe lag der „Existenzgrund jeder deutschen Genossenschaft in sich selbst"[5]. Auf den späteren Entwicklungsstufen traten zu dem gewachsenen und gewordenen Phänomen solcher Art, wie z.B. dem Staat, die gewillkürten Körperschaften, deren Grundtyp die Gilde ist. In diesem Rahmen des Gesamtaufbaues bildet sich schließlich der „gewillkürte" Verein der mit der aus der jüngeren *Genossenschaft* hervorgegangenen *Körperschaft* eine neuzeitliche Verbindung eingeht.

Das Verfassungsdenken setzt mit dem Prinzip ein, daß die Komposition der Genossenschaft immer auf der Herstellung eines *organisierten Körpers* beruht[6]. Ebenso traten alle Gilden und gewillkürten Vereine erst an die „Welt der Objekte" heran, nachdem sie in die Position des konstituierten Rechts gelangt waren. Die durch die *Genossenschaftsverfassung* in bestimmter Weise verbundenen Personen sind in der Grundvorstellung die

---

[31] Förster / Eccius, a.a.O., S. 702 unter Hinweis auf Savigny II, S. 262.
[1] O. v. Gierke, Das deutsche Genossenschaftsrecht (GR), Bd. II, Berlin 1873.
[2] O. v. Gierke, Deutsches Privatrecht, Bd. I, Allgemeiner Teil und Personenrecht, Leipzig 1895 (Neudruck 1936).
[3] O. v. Gierke, GR, II, S. 880.
[4] O. v. Gierke, GR, II, S. 883 ff.
[5] O. v. Gierke, GR, II, S. 867.
[6] O. v. Gierke, GR, II, S. 869. Die Ergebnisse der neueren Genossenschaftsforschung konnten leider nicht mehr berücksichtigt werden.

II. Die Entwicklung der körperschaftlichen Verfassung

lebendigen Glieder, aus denen sich der *genossenschaftliche Körper* zusammensetzt[7]. Das Mitglied geht aber nur mit dem „abgetrennten Stück der Persönlichkeit" in der gemeinschaftlichen Daseinssphäre auf. Hierauf beruht das Prinzip der *vereinigten Mitgliedschaften*, die an der Gemeinexistenz verfassungsmäßig beteiligt werden[8]. Durch diese Konstruktion wird die Mitgliedschaft mit allen aus ihr fließenden Rechten und Pflichten verfassungsrechtlich fundamentiert[9]. Das rechtliche Ergebnis ist, daß die Normen über die Mitgliedschaft ein Teil „des inneren korporativen Lebensgesetzes" sind. Zu diesen Normen gehören auch die Grundsätze über den Ein- und Austritt sowie die Ausschließung der Mitglieder[10].

Unter dem Eindruck der Materialien zum Bürgerlichen Gesetzbuch baute O. v. Gierke eine allgemeine Theorie des geltenden deutschen Körperschaftsrechts auf[11]. Durch den Zusammenschluß der einzelnen, der als konstitutiver Gesamtakt aufgefaßt wird, entsteht ein korporatives Rechtssubjekt. Der rechtliche Inhalt ist die Errichtung einer *körperschaftlichen Verfassung* als eines beherrschenden Begriffes des Systems[12]. Das Kernstück der körperschaftlichen Organisation ist die *verfassungsmäßige Einrichtung von Organen*, in deren Tätigkeit sich die „Lebenseinheit der Gesamtperson mit rechtlicher Wirkung" offenbart[13]. Im Mittelpunkt des Aufbaues befindet sich die Zusammensetzung der Körperschaft, die später eine Art von Verbandspersönlichkeit ist, aus den Mitgliedern. Die Körperschaftsverfassung ordnet den *Gesamtstatus der Mitglieder*, besonders den Erwerb und Verlust der Mitgliedschaft, die grundsätzlich unübertragbar ist. Die Satzung kann Abstufungen unter den Mitgliedern vornehmen. Ein „aktives Mitglied" kann die Rechtsstellung des Hauptes der Körperschaft bekleiden. Im Zweifel ist jedoch die Mitgliederversammlung, die durch eine verfassungsmäßige Zusammenkunft der Mitglieder gebildet wird, das *oberste Organ*. Die Beschlüsse der Versammlung stellen eine souveräne Äußerung des Gemeinwillens der Körperschaft dar. Allmählich setzt sich das Prinzip der Abstimmung nach der Mehrheit der Erschienenen durch. Die Satzung kann die Zuständigkeit der Mitgliederversammlung durch andere Organe beschränken, insbesondere dadurch, daß dem *Vorstande*, der im allgemeinen als das andere *notwendige Organ* gilt, bestimmte Zuständigkeiten zugewiesen werden. Im Zweifel wird er von der Mitgliederversammlung gewählt, die ihn auch abberufen kann[14]. Nach der Organtheorie handelt der Vorstand

---

[7] O. v. Gierke, GR, II, S. 874.
[8] O. v. Gierke, GR, II, S. 876.
[9] O. v. Gierke, GR, II, S. 877.
[10] O. v. Gierke, GR, II, S. 879.
[11] O. v. Gierke, Deutsches Privatrecht (DP), S. 483.
[12] O. v. Gierke, DP, S. 485.
[13] O. v. Gierke, DP, S. 497 ff.
[14] O. v. Gierke, DP, S. 498 - 506.

für die Körperschaft, und zwar ist der Umfang seiner „Vertretungsmacht" nach der verfassungsmäßigen Ermächtigung zu bestimmen. Von der organschaftlichen Vertretung ist die Verwaltungsfunktion des Vorstandes zu trennen, die sich auf die ständige Leitung des inneren Lebens erstreckt[15,16].

b) Gliederung der Körperschaften

Ein besonderes Kapitel ist der Rechtsfähigkeit und Handlungsfähigkeit der Körperschaft im Zeichen ihrer Verbandspersönlichkeit gewidmet. Rechte und Pflichten der Körperschaften sind entweder gemeinheitlich, gliedmäßig oder individuell[17]. Die einzelnen Körperschaftsgattungen sind, was die Rechte und Pflichten betrifft, verschieden strukturiert. Gemeinsames Merkmal ist die rechtlich gewährte Herrschaft über die Glieder und Organe. Aus der Ganzheit und Einheit wird eine *„Körperschaftsgewalt"* hergeleitet, die verschieden gestaltet ist, je nachdem ob die Körperschaft dem öffentlichen Recht oder dem Privatrecht angehört. In erster Hinsicht bilden sich eine körperschaftliche Autonomie, Selbstgerichtsbarkeit und Selbstverwaltung aus, und zwar nach Analogie staatlicher Hoheitsrechte und Hoheitspflichten[18]. Die privaten Körperschaften haben nur „innere" Körperschaftsrechte mit dem Rang des Privatrechts. O. v. Gierke spricht hier von einer eigenen Klasse *„privater Gewaltrechte"*. Dies ist deshalb hervorhebenswert, weil später die Vorstellung einer *Vereinsgewalt* aus der *Vereinsverfassung* hergeleitet wird. Im Gesamtsystem nimmt die Körperschaft des öffentlichen Rechts gleichsam eine übergeordnete Stellung ein, was auf die mit ihnen im Zusammenhang stehenden öffentlichen Gewaltverhältnisse zurückzuführen ist. Wie noch zu zeigen sein wird, wirkt sich dies auf die privaten Körperschaften aus, indem dort Gewaltvorstellungen Platz greifen, die mit rein privatrechtlicher Anschauungsweise unvereinbar sind.

Gerber führt in seinem System[19] zuerst die Gemeinden als öffentliche Korporationen an. Der Verfassungsgedanke wird durch den Vergleich der *Gemeinde mit dem Staate* nahegelegt. Deshalb ordnet die Gemeinde die Grundsätze ihrer Verwaltung in einer Verfassung, nach der sie das kommunale Leben gestaltet. Die Stadtgemeinde wird durch einen Vorstand vertreten, nämlich den Bürgermeister und Rat. Auf solche Weise wird die von den Bürgern getragene Korporation „als solche repräsentiert"[20]. In diesem Zusammenhang wird auch die innere Verfassung der Zünfte behandelt. Die

---

[15] O. v. Gierke, DP, S. 507, 508, 509.
[16] O. v. Gierke, DP, S. 510 ff.
[17] O. v. Gierke, DP, S. 512.
[18] O. v. Gierke, DP, S. 513.
[19] C. F. v. Gerber, System des Deutschen Privatrechts, 13. Aufl. 1878, S. 140 ff. „Träger der städtischen Korporation sind die Bürger", S. 141.
[20] C. F. v. Gerber, a.a.O., S. 143.

II. Die Entwicklung der körperschaftlichen Verfassung

einzelne Zunft ist nämlich eine Korporation, die unter der Aufsicht der Gemeindebehörde steht. Die Zunftmitglieder wählen den Vorstand, der Gilde- oder Obermeister genannt wird. Der Vorstand leitet die Zunftversammlungen. Nach innen verwaltet er das Zunftvermögen, nach außen vertritt er die Korporation gerichtlich und außergerichtlich[21]. Weitere Korporationen werden nicht erwähnt.

c) Zur Geschichte der Körperschaft und Korporation

Im Fortgang der Rechtsentwicklung traf der deutsche Körperschaftsbegriff bekanntlich mit der romanistischen-kanonistischen Korporationslehre zusammen, wodurch ein Konflikt entstand, der in den verschiedenen Lagern eine antithetische Darstellung fand. Mit den Wirkungen der Aufnahme des fremden Rechts wird im allgemeinen zugleich das spätere Wiederaufleben des deutschen Rechts behandelt. Dogmatisch betrachtet geht es hierbei um Grundfragen des Personenrechts, insbesondere um den Versuch, die Körperschaft juristisch als „persona ficta" aufzufassen, damit sie im Rechtsverkehr handlungsfähig wird. Neuerdings ist darauf hingewiesen worden, daß die Quellen selbst vor der Aufnahme des römischen Rechts keine eindeutige Theorie der Verbände gekannt hätten, und daß die Rechtsgeschichte infolgedessen moderne Ordnungsbegriffe habe verwenden müssen. Diese Bemerkung gibt Veranlassung zu einer synthetischen und vermittelnden Betrachtungsweise[22].

Im Sinne dieses Standpunktes geht v. Schwerin[23] davon aus, daß das deutsche Mittelalter keine Lehren über die juristische Person ausarbeitete, weshalb sich die Rechtswissenschaft der Neuzeit auf dem Fundament der romanistisch-kanonistischen Korporationslehre bewegte. In einem Gegensatz zur Fiktionstheorie habe nach der Auffassung des Genannten die naturrechtliche Gesellschaftslehre gestanden. Der Ausdruck „moralische Person" steht hiernach für die Zusammenfassung der Mitglieder, „nicht für eine selbständige, einheitliche Verbandsperson"[24]. Der Fiktionstheorie wird die organische Theorie entgegengestellt. Aus dieser Sicht ist die „reelle Person" fähig, einen Gesamtwillen zu gestalten[25]. Das Innenleben der Körperschaft wird durch eine Organisation geregelt, die auf die Bildung des Körperschaftswillens durch die Mitglieder gerichtet ist. Die Organisation der Körperschaft setzt darüber hinaus Organe voraus. „Organe sind jedem Organismus eigentümlich, an ihrem Dasein ist der Organismus äußerlich erkennbar

---

[21] C. F. v. Gerber, a.a.O., S. 151.
[22] Zum Ganzen siehe E. Kaufmann, HRG II, S. 1152. Zur Antithese siehe R. Hübner, Grundzüge des Deutschen Privatrechts, 4. Aufl. 1922, S. 153 ff.
[23] v. Schwerin, Grundzüge des deutschen Privatrechts, 1919, S. 32 ff.
[24] v. Schwerin, a.a.O., S. 35.
[25] v. Schwerin, a.a.O., S. 36.

und sie verleihen ihm seine ‚eigenartige Struktur'; aber er erschöpft sich nicht in ihm und sie vermögen ihn nicht zu erklären. Entscheidend ist vielmehr die Tatsache der Organisation als solcher, d. h. des geordneten Zusammenschlusses von Vielheiten zu einer Einheit"[26]. Die Integration erfordert bestimmte Rechtssätze, die die „rechtliche Organisation" der Körperschaft verwirklichen. Hier liegt der Angelpunkt für die körperschaftliche Verfassung[27]. Das persönliche Substrat einer Körperschaft birgt immer einen Organismus sui generis in sich, der sich von der üblichen Konstruktion „der Gesellschaft" als societas abhebt.

Mitteis / Lieberich[28] behandeln die Körperschaft zunächst unter *genossenschaftlichen* Gesichtspunkten, wobei sie hervorheben, daß die Lehre von den menschlichen Verbänden der bedeutsamste Teil der deutschen Rechtslehre sei, da sich in ihnen das gesamte Leben der Nation widerspiegele. Die Verbände gipfeln im Staat und in seinen Organisationsformen. Auf dem Höhepunkt der Schilderung erheben sich die schriftlich festgelegten *Stadtverfassungen* gleichsam als Lebensgesetze der Verbandspersonen. Die Kompetenzen sind auf den Rat, die Schöffen und die Versammlung der Bürger verteilt. Die Bürgermeister werden „consules" genannt. Zugrundeliegt der Übergang von den cives zur civitas. Um 1300 etwa erwirbt der Rat das „Satzungsrecht". Innerhalb des städtischen Bereichs bilden sich weiterhin Körperschaften (z. B. Gilden und Hansen der Kaufleute). Daneben werden zahlreiche Verbände erwähnt, die kulturellen Zwecken dienen, wie z. B. Universitäten. Im Rahmen der Darstellung der Rezeption wird auf das Corpus juris und die Ansätze des spätrömischen Rechts unter dem Einfluß der Glossatoren zurückgegriffen. Hierin liegt bereits ansatzweise der Begriff der juristischen Person beschlossen, der auf der Grundlage der vorausgegangenen Wandlungen als eine Zusammenfassung von Körperschaft, Anstalt und Stiftung erscheint. Das Schlußkapitel ist deshalb der juristischen Person in der Neuzeit gewidmet. Voran steht die Lehre der Pandektenwissenschaft, die von dem System Savignys getragen ist.

d) Der Einfluß des Pandektenrechts

Savigny gliederte die juristischen Personen in der Weise auf, daß einige von ihnen ein „natürliches oder auch nothwendiges Dasein" führen, wie z. B. die Gemeinden, Städte und Dörfer. Diese stellt er sich als Korporation vor. Andere juristische Personen sind hingegen „künstlich" oder „willkürlich". Hierfür kommen in Betracht alle „Stiftungen" und „Gesellschaften", worunter, nach der damaligen Anschauungsweise auch Vereine fallen. Das

---

[26] v. Schwerin, a.a.O., S. 37.
[27] v. Schwerin, a.a.O., S. 37.
[28] Deutsches Privatrecht, 9. Aufl., S. 40 ff.

Anliegen Savignys war immer in erster Linie darauf gerichtet, die juristische Person zu erklären. Er greift hierbei auch auf die Korporation über, meint jedoch, daß sie als eine allgemeine Bezeichnung für die juristische Person zu eng sei. Die Art und Weise der Argumentation ist in erster Linie auf die Person und ihre Rechtsfähigkeit gerichtet. Die Wesenheit der Korporation tritt demgegenüber zurück[29].

Hingegen geht Windscheid[30] bei der Darstellung der juristischen Person auf die Korporationen und den Begriff corpus im klassischen Sprachgebrauch ein. „Heutzutage gebräuchliche Bezeichnung für eine solche aus einer Mehrheit von physischen Personen bestehende juristische Person ist Corporation" (S. 141). Ausdrücklich hervorgehoben wird, daß die korporative Verfassung auf Gesetz, Statut oder Observanz beruhen kann. Für den Fall, daß eine Verfassung nicht besteht, wird der Gemeinwille durch Beschluß der Korporationsmitglieder festgestellt (S. 148)[31].

Es folgt die Reaktion der Germanisten, geführt von v. Beseler und v. Gierke. Hierbei wird die *geistige* Realität der Organismen betont. Es ist der Geist der Gemeinschaft und es ist der Gemeinwille der Körperschaft, die eine Realität im Rechtsleben darstellen. Die Einzelwillen werden zu einem Gesamtwillen „integriert". An dieser Stelle setzt eine *moderne Betrachtungsweise* ein, die Erlebenseinheiten darlegt[32]. Aus der Welt des modernen Verbandswesens werden gruppenpsychologische Beispiele abgeleitet. Zu erwähnen sind das Urheberrecht von Körperschaften, Betriebserfindungen, Akademiedenkschriften, ein Schauspielerensemble, ein Orchester und aus der Sportwelt „Eine Elf". Am Schluß dieses Abschnittes hebt sich wieder die Verfassung (Satzung) als Lebensgesetz der Körperschaft heraus. Das Handeln der Organe wird, indem von ihrer Person abgesehen wird, unmittelbar auf den Verband bezogen. Die Rechtssubjektivität der Körperschaften beruht auf „Abstraktion und Integration"[33].

III. Körperschaft und Verein

a) BGB

Im Übergang vom ALR stehen die preußischen Verfassungen und VO von 1848 bis 1850 über die Vers. und Vereinigungsfreiheit. Der erste Entwurf zum BGB geht zwar von den Personen, Vereinen und Stiftungen aus

---

[29] Die Diskussion um den Personen- und Korporationsbegriff ist unlängst wieder aufgenommen worden von F. Schikorsky, Die Auseinandersetzung um den Körperschaftsbegriff in der Rechtslehre des 19. Jahrhunderts, 1978, S. 51 ff.
[30] B. Windscheid, Lehrbuch des Pandektenrechts, I, S. 140 ff., 7. Aufl.
[31] Zur Privatrechtsgeschichte der Neuzeit siehe F. Wieacker, 2. Aufl., S. 378, 385, 454; G. Wesenberg / Wesener, 3. Aufl., S. 146.
[32] Mitteis / Lieberich, a.a.O., S. 49.
[33] Mitteis / Lieberich, a.a.O., S. 48.

(§§ 41, 42), fügt aber in § 43 den Personenvereinen die weitere Bezeichnung Körperschaft zu. „Die Verfassung eines mit juristischer Persönlichkeit versehenen Personenvereins (Körperschaft) wird durch den Gründungsvertrag und in Ansehung späterer Abänderungen durch den Willen der Mitglieder der Körperschaft bestimmt". Für jede Körperschaft ist ein Vorstand zu bestellen. Dieser ist „gesetzlicher Vertreter" der Körperschaft sowohl gegenüber Dritten aus auch gegenüber den Mitgliedern der Körperschaft (§ 44). Hierdurch wird die rechtliche Selbständigkeit der Vereinigung gegenüber ihren Gliedern angedeutet. Die Körperschaft haftet für den Ersatz des Schadens, den der Vorstand oder eines seiner Mitglieder durch eine zum Schadensersatz verpflichtende Handlung einem Dritten zugefügt hat. In inneren Angelegenheiten der Körperschaft ist der *beschlußmäßige Wille der Mitglieder* maßgebend. Zur Verfassungsänderung bedarf es der Zustimmung aller Mitglieder (§ 48 V). Das Vermögen einer erloschenen Körperschaft fällt grundsätzlich an diejenige Person, die in der Verfassung als anfallberechtigt bestimmt ist (§ 49 I). Ihr Vermögen ist zur Befriedigung der Gläubiger der Körperschaft zu verwenden (§ 49 II). Die Liquidatoren haben die laufenden Geschäfte der erloschenen Körperschaft zu beendigen und ihr Erlöschen öffentlich bekanntzumachen (§§ 51, 52).

Aus dem zweiten Entwurf ist hervorzuheben, daß die sog. idealen Vereine im einzelnen bezeichnet werden, nämlich als gemeinnützige, wohltätige, gesellige, wissenschaftliche, künstlerische und andere *nicht auf einen wirtschaftlichen Geschäftsbetrieb* gerichteten Zwecke. Solche Vereine erlangen die Rechtsfähigkeit durch Eintragung in das Register. Für andere Vereine gilt das Erfordernis der staatlichen Konzession. Das BGB hat bekanntlich später die Erläuterung des idealen Vereins darauf beschränkt, daß sein Zweck nicht auf einen wirtschaftlichen Geschäftsbetrieb gerichtet ist. Nach dem zweiten Entwurf wird die Verfassung eines rechtsfähigen Vereins durch die Vereinssatzungen (Statut) bestimmt (§ 24). Was den Vorstand betrifft, so kann der Umfang seiner Vertretungsmacht durch das Statut mit Wirkung gegen Dritte beschränkt werden. Seine Bestellung, die jederzeit widerruflich ist, findet durch Beschluß der Mitgliederversammlung statt[1]. In Ansehung der Organhaftung legt der zweite Entwurf fest, daß der Verein für den Schaden verantwortlich ist, den der Vorstand oder ein Mitglied desselben oder ein sonst verfassungsmäßig berufener Vertreter durch eine zum Schadensersatz verpflichtende Handlung einem Dritten zufügt[2]. Allgemein ist zu bemerken, daß der zweite Entwurf dazu übergeht, an die Stelle der Körperschaft den Verein zu setzen. Die Motive betonen, daß die Vorschriften der §§ 42 - 57 des Entwurfs sowohl für die öffentlichrechtlichen als auch

---

[1] II § 25 ff. Zum Ganzen siehe Mugdan, Die gesamten Materialien zum BGB I, S. LX.

[2] II § 30; Motive, S. 408 ff.; Protokolle, S. 594 ff., 618 ff.; Denkschrift, S. 826 ff.; Komm. Bericht, S. 950 ff.

für die privaten Körperschaften gelten. In die Systematik greift der Begriff der juristischen Personen ein, die in Körperschaften und Stiftungen gegliedert werden. Heute noch beachtenswert sind die Erörterungen der Motive über die Wandlungen des Vereinsrechts. Vom Standpunkt damaliger Betrachtung wird in die Erinnerung gerufen, daß die „Personenvereine" früher nur für rechtsfähig erachtet wurden, wenn sie öffentliche oder gemeinnützige dauernde Zwecke, die mit dem Staatswohl im Konnex standen, verfolgten. Für die Organisation war Voraussetzung, daß der Verein „ein vom Willen der Mitglieder unabhängiges, dem Willen der Staatsgewalt unterworfenes Dasein führte"[3]. Aber das Vereinswesen drängte zur liberalen Entfaltung. Indem man den Begriff der juristischen Person von neuem analysierte, verbreitete sich das Einvernehmen darüber, daß sich jeder körperschaftlich konstruierte Verein im personenrechtlichen Sinne zur Körperschaft eigne[4]. Letzten Endes ging es hierbei um die *Verfassung* des Subjektes der gedachten Einheit. Von rechtshistorischem Interesse ist dabei der Hinweis auf das ALR, das Gesellschaften voraussetzte, die sich zu einem dauernden, gemeinnützigen Zwecke verbunden haben (II 6 § 25 ff.). Die Titelüberschrift lautete „Von Gesellschaften überhaupt und von Corporationen und Gemeinen insonderheit" (siehe oben). Die Formel war: „Unter Gesellschaften überhaupt werden hier Verbindungen mehrerer Mitglieder des Staates zu einem gemeinschaftlichen Endzweck verstanden"[5] (siehe oben). Solchen Gesellschaften konnte der Staat die Korporationsrechte verleihen.

Nach dem ALR wird für jede Korporation eine Grundverfassung (s. oben) errichtet, die der landesherrlichen Genehmigung bedarf. Jene bestimmt den Zweck und die Mittel ferner die Rechte und Pflichten der Korporation und ihrer Mitglieder. Den inneren Korporationsrechten werden die äußeren Rechte dieser Art gegenübergestellt. Systematisch werden unterschieden: gesetzlich geordnete Körperschaften des öffentlichen Rechts sowie andere durch besondere Gesetze geregelte Körperschaften (z.B. Gewerkschaften und eingetragene Genossenschaften). Einer Reihe von Anstalten werden die Rechte der Korporationen oder moralischen Personen zugeschrieben[6]. Der im Mittelpunkt der ganzen Lehre stehende Begriff *„Grundverfassung"* hat auf die Entwicklung des Vereinsrechts im 19. Jahrhundert lange Zeit eingewirkt, denn die spätere Vorstellung einer Vereinsverfassung geht, soweit die

---

[3] Mugdan, a.a.O., S. 397.
[4] Mugdan, a.a.O.
[5] Siehe hierzu H. Hattenhauer, Grundbegriffe des bürgerlichen Rechts, 1982, S. 25. Der Verfassung gehen Darlegungen über die verbotenen und erlaubten Gesellschaften voraus. Interessant sind die vereinspolitischen Ausführungen unter dem Gesichtspunkt des Liberalismus, a.a.O., S. 34 ff.
[6] Zum Ganzen: Förster / Eccius, Preußisches Privatrecht, IV. Bd., 6. Aufl., S. 661 ff., 664 ff., 676 ff. Erwerbs- und Wirtschaftsgenossenschaften wurden erst durch das Wirt. G. vom 28. 3. 1867 geregelt.

Neuzeit in Betracht kommt, auf das Phänomen der Grundverfassung des ALR zurück, allerdings mit der wichtigen Einschränkung, daß der ursprüngliche, stark ausgeprägte öffentlichrechtliche Charakter im Bereich der privaten Körperschaft, also des Vereinsrechts, naturgemäß nicht mehr zum Tragen kommen konnte. Dies ist aus rechtshistorischen Gründen vorauszuschicken, bevor die Dogmatik der Verfasssung des rechtsfähigen Vereins nach dem BGB behandelt wird. Nach der Vorschrift des § 25 BGB bestimmt die Vereinssatzung die *Verfassung* eines rechtsfähigen Vereins, soweit sie nicht auf den nachfolgenden Vorschriften beruht. Die bürgerlichrechtliche Vereinsverfassung wird vom Schrifttum gleichsam in Parallele zur Verfassung des Staates gesehen, weil sie eine ähnliche Integrationsfunktion zu erfüllen habe. Antithetisch werden die Leitidee des Vereins und die Individualinteressen der Mitglieder getrennt.

Daß die Vereinsverfassung zu der des Staates „parallel" läuft, ist indes eine Annahme, die weiterer Untersuchung bedarf. Zuweilen wird nämlich schon von vornherein einschränkend bemerkt, „daß die sprachliche Anleihe an die staatliche Verfassung nur bis zu einem gewissen Grade"[7] angebracht sei, nämlich nur im Hinblick auf den Inhalt und die Funktion der Satzung, die als verbandsrechtliche Grundordnung angesehen wird. Zuvor ist aber die Frage zu stellen, ob überhaupt die betreffenden körperschaftlichen Sphären miteinander verglichen werden können. Denn es stehen sich die Verfassung als Grundgesetz des *Staates* und die Satzung, die auf rein *privatrechtlicher Ebene* den Verein organisiert, gegenüber. Die Statuten entfalten sich im Rahmen der sog. „Vereinsautonomie", die ein Ausfluß der allgemeinen *Vertragsfreiheit* ist, eigenständig[8]. Überdies wird sie durch das Grund-

---

[7] H. Wiedemann, Gesellschaftsrecht, 1980, Bd. I, S. 159.

[8] Auf Grund der Vorstellung einer Vereinsgewalt unterwerfen sich die Mitglieder durch ihren Beitritt, wie vielfach angenommen wird, der Vereins- oder Verbandsautonomie (Meyer / Cording, a.a.O., S. 48; BGH 13, 11; 21, 374). Dieser Ansicht steht entgegen, daß das Rechtsverhältnis zwischen dem Verein und dem Mitglied privatrechtlicher Art ist. Daher verwirklicht die Mitgliedschaft in allen Fällen Privatautonomie wie der Gründungsakt selbst. Die Beitrittserklärungen der Mitglieder wiederholen in einem übertragenen Sinne den Gesamtakt des Gründungsvorganges, an dem die Gründungsmitglieder beteiligt sind. Durch den Eintritt der späteren Mitglieder wird lediglich der Wille zur Aufrechterhaltung der Körperschaft bekundet, ohne daß sich das Mitglied hierbei dem Verein auf Grund seiner Autonomie unterordnet.
Der Gründungsakt ist nicht nur darauf gerichtet, daß eine Körperschaft entsteht, sondern auch darauf, daß sie gesetzmäßig organisiert wird. Infolgedessen ist auch die Satzung ein Bestandteil des gestreckten Gründungsvorganges. Ihr normartiger Charakter ändert nichts an ihrer rechtsgeschäftlichen Grundstruktur. Die Satzung ist keine vom Verein geschaffene Rechtsordnung, auf Grund deren der Verein über seine Mitglieder Vereinsstrafen verhängen kann. Dies gilt insbesondere für die strafweise Ausschließung eines Mitgliedes, der nur Kündigungscharakter zukommt. Voraussetzung hierfür ist, daß ein wichtiger Grund vorliegt. Ein solcher Ausschluß kann auch stattfinden, ohne daß die Satzung eine entsprechende Bestimmung enthält, da es sich um die Anwendung eines allgemeinen zivilrechtlichen Grundsatzes handelt, der für Dauerschuldverhältnisse aufgestellt ist. Der entsprechende Beschluß ist von der Mitgliederversammlung zu fassen. In jedem Falle ist die Tatsache der Ausschließung

III. Körperschaft und Verein

recht der Vereinigungsfreiheit verfassungsrechtlich geschützt. Auf diese Weise kommt es zu einer eigenartigen Verdoppelung des Verfassungsgedankens, weil einerseits die Verfassung des Vereins in der Satzung niedergelegt ist, andererseits der grundrechtliche Schutz hinzukommt. Das Wesen der vereinsrechtlichen Verfassung, die dem BGB vorschwebt, ist ihre körperschaftliche Natur, die aus der geschichtlichen Entwicklung des Privatrechts abzuleiten ist. Vordringlich geht es hierbei um die Verwirklichung des Zweckes des Vereins und die Gestaltung der Mitgliederinteressen durch eine entsprechende Organisation. Diese organisatorische „Verfaßtheit", die auf der Tradition der *privaten* Körperschaft beruht, ist der eigentliche Sinn des Wortes Verfassung gemäß § 25 BGB. Diese Bestimmung verweist im Grunde genommen nur auf die Satzung und damit auf die privatrechtlichen Normen, durch welche diese festgelegt wird. Einerseits sind es die zwingenden Normen der §§ 25 ff. BGB, wozu auch ungeschriebene Rechtsgrundsätze gehören, z.B. der Grundsatz der Gleichbehandlung der Mitglieder, andererseits die dispositiven Regelungen des BGB nach Maßgabe des § 40. Hinzukommt die *Satzung* des Vereins, die mitunter als das Kernstück der Verfassung angesehen wird. Soweit die zwingenden Vorschriften abgeändert werden, geschieht dies in der Satzung, die im übrigen sog. Vereinsordnungen zusätzlich aufnehmen kann[9].

Die insoweit gegebene *Rechtssetzungsbefugnis* bedeutet *nicht*, daß der Verein imstande ist, objektives Recht zu erzeugen, denn die Autonomie umschließt in diesem Sinne keine gesetzgebende Gewalt. Außerdem hat die Körperschaft keine rechtsprechende Gewalt inne, wie denn überhaupt die Vorstellung eines *„pouvoir public"* im Bereich des Vereinsrechts in jedem Falle fehlgeht. Im allgemeinen wird allerdings angenommen, daß der Verein auf Grund seiner Autonomie befugt sei, über seine Mitglieder sog. *Vereinsstrafen* satzungsgemäß zu verhängen. Dabei wird die Vereinsstrafe als ein eigenartiges verbandsrechtliches Institut angesehen[10]. Einer solchen Anschauungsweise kann nicht beigepflichtet werden, weil der Verein von vornherein *keine Strafgewalt* besitzt, die nämlich voraussetzen würde, daß ihm die *„Gewalt"* im Sinne der Jurisdiktion zusteht. Zur Aufrechterhaltung der Vereinsordnung ist der Verein lediglich auf geeignete Sanktionen angewiesen, z.B. auf Vertragsstrafen im zivilrechtlichen Sinne und Schadensersatzansprüche sowie Kündigungen. In Betracht kommen auch Anordnungen

---

sowohl als auch ihre Begründung gerichtlich nachprüfbar. Für den Fall, daß die Vereinssatzung die Gründe des Ausschlusses eines Mitgliedes niederlegt, dürfen sie weder gegen das Gesetz noch gegen die guten Sitten verstoßen (Lutter, AcP 180, S. 96 ff.; Coing, FS Flume, 1978, Bd. I, S. 429 ff.; Reutter, a.a.O., § 38, Rdn. 15; aus der älteren Rechtsprechung RGZ 169, 338; JW 1937, 1548.

[9] Staudinger / Coing, Komm. zum BGB, § 25, Rdn. 4. Zur Auslegung der Satzung: BGH 47, 180. Hinsichtlich des Rechtscharakter der Satzung: BGH 47, 179.

[10] BGH 21, 373. Die im Text vertretene Gegenansicht findet sich u.a. auch bei Flume, FS Bötticher, 1969, S. 129. Zum Ganzen siehe auch BGB 36, 114; 29, 359.

von vereinsinternen Beschränkungen der Ausübung von Mitgliedschaftsrechten, wie z.B. Ausschließung eines Mitgliedes vom sportlichen Wettbewerb. So kann der übergeordnete Verband den eingegliederten Verein – etwa wegen disziplinwidrigen Verhaltens – zu satzungsgemäßer Verantwortung ziehen. Dagegen kann jener Verband ein Mitglied des untergeordneten Vereins aus diesem Grunde nicht unmittelbar bestrafen, weil die Verfassung des Verbandes nur in seinem unmittelbaren Mitgliedsbereiche wirkt.

Im Rahmen der dogmatischen Erläuterung der Vereinsstrafe wird nach der Erörterung der betreffenden Straftatbestände die Rechtsnatur der Satzung grundlegend analysiert[11]. Diese hier einschlägige Untersuchung unterscheidet die Satzung im Sinne von „Setzung"[12], womit der Rechtsschöpfungsakt gemeint ist (Satzung im engeren Sinne), von einer solchen im weiteren Sinne, die das Ergebnis dieses kreativen Aktes ist. Satzung in dem weiteren Sinne ist die Verfassung des Vereins. Das Resultat ist, daß die vom Verein geschaffene „Rechtsordnung" Vereinsdisziplinarstrafen verschiedener Art androhen kann. Die Lehre, die auf den Eintritts- und Unterwerfungsvertrag zurückgeht, scheitert an dem Begriff der *Vereinsgewalt*, der bei alledem vorausgesetzt wird, jedoch wegen der Nähe zur öffentlichrechtlichen Verfassung nicht anzuerkennen ist. Den Höhepunkt der „Vereinsstrafgewalt" bildet der strafweise Ausschluß des Mitgliedes aus dem Verein, der als „sozialethisches Unwerturteil der Gruppe" aufgefaßt wird, weil hierdurch die Zuwiderhandlung gegen die Gruppendisziplin *öffentlich* gesühnt werden soll. Es ist eher umgekehrt aus dem sozialen Unwerturteil, das sich über das geächtete Mitglied in der Öffentlichkeit ausbreitet, die Befürchtung herzuleiten, daß der Verein zum Zwecke der öffentlichen Herabsetzung des Genannten seine inneren Grenzen ungerechtfertigt überschreitet. Dies folgt ohne weiteres aus dem Verfassungsbegriff, weil die Geltung der Konstitution, wie sich aus der Satzung ergibt, auf den Vereinsbereich beschränkt ist. Die öffentliche Bekanntmachung der Strafe ist ein „strafschärfendes" Element von „externer Tragweite".

Die Gesamtregelung des Organisationsrechts ist in die vorliegende Untersuchung nicht einzubeziehen, weil sie sich auf die körperschaftliche Verfassung beschränkt. Diese setzt freilich Organisationsbestimmungen voraus, die sachgemäß ineinander greifen, und zwar in der Weise, daß hinreichend Aufschluß über die den einzelnen Organen gewährten Rechte und auferlegten Pflichten gegeben wird. Eine allgemeine Formulierung, daß die Angele-

---

[11] U. Meyer / Cording, Die Vereinsstrafe, 1957, S. 31 ff. mit weiteren Angaben S. 2 ff.
[12] U. Meyer / Cording, a.a.O., S. 19 ff. Neuerdings wird die Vereinsstrafe aus der Eigenart des Idealvereins abgeleitet, so v. Reuter, Münchener Kommentar, Bürgerliches Gesetzbuch, Allgemeiner Teil, 2. Aufl., 1984, § 25 Rdn. 19, der meint, daß die Vereinigung mit ihren sozialethischen Anforderungen ähnlich wie der Staat nicht auf die disziplinierende Wirkung der Strafe verzichten kann.

III. Körperschaft und Verein

genheiten des Vereins durch Beschlußfassung in einer Versammlung der Mitglieder geordnet werden, sofern nicht der Vorstand zuständig ist, genügt deshalb nicht, weil hierbei vorauszusetzen ist, daß die *Kompetenzen des Vorstandes*, soweit dies im Gesetz geschehen kann, *im einzelnen umrissen werden*. Das BGB begnügt sich aber mit der *generellen Zusammenfassung*, nämlich der Vertretungsmacht und Geschäftsführung.

Die Hinwendung zum Vereinsrecht erfolgte, weil der Verein der Prototyp der privaten Körperschaft ist. Andere Erscheinungsformen auf privatrechtlicher Ebene sind z.B. die Kapitalvereine (Aktienvereine), die sich im handelsrechtlichen Rahmen lange vor dem Inkrafttreten des BGB bildeten. Unter ihnen ragt die Aktiengesellschaft, deren Vorstufe die Handelskompagnien des 17. und 18. Jahrhunderts waren[13], hervor. Im Gesamtsystem der Verbandslehre werden die Körperschaften als korporativ „strukturierte Verbände" behandelt. Gegenüber der Gesellschaft, die als *Primärgruppe* angesehen wird, ist die Körperschaft in diesem System eine „*Sekundärgruppe*", weil zwischen den Mitgliedern lediglich „mehr formalisierte Kontakte" vorhanden sind[14]. Die typischen Merkmale sind neben dem eigenen Namen des Vereins seine auf die Dauer angelegte Verfassung, die regelmäßig auf einem umfangreichen Mitgliederkreis aufgebaut ist, ferner die Eigenschaft, daß das *Dasein* der körperschaftlichen Verbände rechtlich von den Gründern und *Mitgliedern unabhängig* ist, d.h. vom Eintritt und Austritt der Mitglieder unberührt bleibt. Gegenüber dem Erfordernis der Einstimmigkeit innerhalb des gesellschaftlichen Verbandes genügt für die Abstimmung der *Mehrheitsgrundsatz*. Außerdem wird die Körperschaft von dem Gedanken der *Organschaft* (auch Drittorganschaft) beherrscht. In der Regel sind die Körperschaften im Gegensatz zur gesamthänderisch gebundenen Gesellschaft juristische Personen. Infolgedessen sind die Mitglieder von ihr rechtlich getrennt und haften nicht für die Verbindlichkeiten der Institution[15]. Im Hinblick darauf, daß das System des Vereinsrechts auf der Rechtsfähigkeit und Rechtssubjektivität aufgebaut ist, herrscht die Figur des rechtsfähigen Vereins in der Gesamtordnung vor, in die der nicht rechtsfähige Verein aus Gründen seiner rechtlichen Unselbständigkeit lediglich wie eine systematische Alternativerscheinung eingefügt wurde. Die Körperschaft ist daher *nicht „sekundär"*.

---

[13] Grundlegend: K. Lehmann, Die geschichtliche Entwicklung des Aktienrechts bis zum Code Commerce, 1895; ders., Das Recht der AG, 2 Bände, 1898 und 1904. Nachdruck 1964; im Erscheinen: Kölner Kommentar zum Aktiengesetz, Einl. v. Wolfgang Zöllner zus. m. Heinrich Kronstein, S. 205, wo auf die *Verfassung* hingewiesen wird.

[14] H. Wiedemann, Gesellschaftsrecht, Bd. I, S. 89ff. Die Vorstellung einer Primärgruppe der Gesellschaft und einer Sekundärgruppe der Körperschaft ist offensichtlich soziologisch. Juristisch betrachtet ist die Körperschaft deshalb primär, weil sie ein Fundament des Personenrechts ist.

[15] Zum Ganzen siehe Wiedemann, a.a.O., S. 90. Ferner Nitschke, Die körperschaftlich strukturierte Personengesellschaft. Aus der Rechtsprechung BGB 25, S. 311 ff.

b) ABGB und ZGB

1. ABGB

Die österreichische und die schweizerische Zivilrechtskodifikation werden in einem Abschnitt zusammengefaßt, weil das Phänomen der körperschaftlichen Verfassung in beiden Gesetzbüchern nicht expressis verbis erwähnt wird und deshalb aus der Vorgeschichte und dem fortwährenden Normenzusammenhang in beiden Fällen historisch herzuleiten ist. Was das ABGB betrifft, so ist die grundsätzliche Vorschrift mit der Überschrift versehen „Aus dem Verhältnisse einer moralischen Person". Der Marginalbegriff ist demnach zunächst nicht die juristische, sondern die moralische Person, die sich an das ALR anlehnte, gewesen. Es liegt die philosophische Anschauungsweise zugrunde, daß eine geformte Mehrheit von Menschen durch ein „*vinculum morale*" zu einer geistigen Einheit neben dem Menschen als einer natürlichen Person systematisch verbunden wird[16], d. h. nach der Art eines „sinnhaften Ordnungssystems"[17]. Die Lehre geht auf Pufendorf zurück, der einen Sammelbegriff entwickelte, und zwar aller Menschen, aber auch aller Gesellschaften. Unter dem nachhaltigen Einfluß von Christian Wolff richtete diese Lehre den Blick auf das Zusammenleben der Individuen einer Gesellschaft unter dem Gesichtspunkt der Personeigenschaft, denn jede Gesellschaft wird als Person betrachtet, weil die Mitglieder in ihr vereint zusammenwirken[18]. Die Lehren sind wie zum Teil auch das ABGB vernunftrechtlich geprägt. Die Körperschaften treten begrifflich noch zurück, jedoch gebraucht Pufendorf gelegentlich den Ausdruck „corpus" für „societas". Wie Ostheim ausgeführt hat, haben die Vorformen der philosophischen Personifikation die Vorstellung von Korporationen und Gemeinden umschlossen. Das ABGB geht in § 26 von den Mitgliedern einer erlaubten Gesellschaft und von ihrem Verhältnis gegen andere Personen aus. Grundlegend ist die Vorschrift, daß erlaubte Gesellschaften regelmäßig gleiche Rechte mit den einzelnen Personen haben, worin sich ihre spätere Gleichsetzung *mit den juristischen Personen* ankündigt. Auffallend ist, daß sich die Regelung des Gesetzbuches weit von den Entwürfen, aus denen nicht ohne weiteres auf einen Zusammenhang mit dem ABGB zu schließen ist, entfernt. Das Bürgerliche Gesetzbuch für Westgalizien[19] gebraucht öfter

---

[16] S. Pufendorf, De jure naturae et gentium libri, VIII, 1672; Erik Wolf, Große Rechtsdenker: Samuel Freiherr von Pufendorf, 1632 - 1694.

[17] H. Welzel, Die Naturrechtslehre Samuel Pufendorfs, Berlin 1958, S. 27.

[18] Neueste zivilrechtliche Interpretation von R. Ostheim, Zur Rechtsfähigkeit von Verbänden, 1967, S. 44 ff. unter Hinweis auf Martini, Lehrbegriff, §§ 219 ff. und Zeiller, Das natürliche Privatrecht, 3. Aufl., Wien 1819, §§ 155 ff. Hierzu: W. Brauneder, Forschungsband Franz v. Zeiller (Selb / Hofmeister), 1980, S. 27 ff.

[19] H. Schnitzer, Die juristische Person in der Kodifikationsgeschichte des ABGB, FS Walter Wilburg, Graz 1965, S. 143 ff., der abgesehen von der juristischen Person auch die Gesellschaft und Körperschaft behandelt. Er geht hierbei besonders auf

III. Körperschaft und Verein

den Ausdruck moralische Person und moralischer Körper. Der Entwurf Martini verwendet für die juristische Person noch die Bezeichnung Körper und moralische Person. Wie schon im Codex Theresianus tauchen bei Martini wieder die Gemeinden auf, die nach der Interpretation von Schnitzer nicht auf die Ortsgemeinde zu beschränken sind, sondern als Korporation im weiten Sinne betrachtet werden[20]. Zeiller versteht die moralische Person als „personenrechtliches Verhältnis" aus der Vergesellschaftung. Der Entwurf Martini führte neben den Gemeinden die „kleineren Gesellschaften" ein, die *korporativ* geartet sind. Derartige Gesellschaften und *Korporationen* vermögen Satzungen zu errichten und Vollmachten zu erteilen. Das ABGB meint später vor allem Körperschaften. Die Verbindung zwischen Gesellschaften und Körperschaften wird im Schrifttum durch den konstruktiven Begriff „körperschaftlich organisierte Gesellschaften" hergestellt. Indem § 26 ABGB die erlaubte Gesellschaft auf Anregung von Zeiller gleichrangig neben die natürliche Person stellte, war der erste gesetzliche Schritt zur juristischen Person getan. Unlängst ist dies dahin ausgedrückt worden, daß die erlaubten Gesellschaften vom Gesetz als körperschaftlich organisierte Verbände vorgestellt wurden[21]. Vom Thema her gesehen liegt das Schwergewicht nicht auf den erlaubten Gesellschaften oder der bürgerlichen Erwerbsgesellschaft, die als moralische Person noch heute aufgefaßt wird, sondern schlechthin auf den *Körperschaften* und den Ansätzen ihrer verfassungsmäßigen Gestaltung. Unter dem Einfluß Savignys, Puchtas und Windscheids wurde die Korporationslehre Bestandteil der Erläuterung der *juristischen Person*. Aus dem älteren Schrifttum ist besonders das System des österreichischen allgemeinen Privatrechts von Krainz-Pfaff hervorzuheben, in welchem die Korporation (noch als universitas bezeichnet) von dem moralischen Körper, der Gemeinde und Gemeinschaft sowie der Gesellschaft (§ 26 ABGB) abgesetzt wird. Hiernach ist jede Körperschaft ein ideelles Rechtssubjekt mit einem besonderen Vermögen, das nicht den einzelnen Mitgliedern pro rata zusteht. Das Rechtssubjekt bleibt immer dasselbe, mögen auch die Mitglieder wechseln. Zwischen der Korporation und deren Mitglieder können Rechtsverhältnisse begründet werden. Die sog. „Assoziationen" werden noch als korporative Gesellschaften vorgestellt, gemeint sind jedoch Vereine[22,23].

Hugo und Heise sowie Domat ein, der bereits Korporationen in seinem natürlichen System des Zivilrechts hervorhebt. Schnitzer meint, Domat, dessen Werk in Paris 1689 - 94 erschien, sei Wegbereiter der späteren Lehre von der juristischen Person.

[20] Zum Entwurf Martini siehe Harras v. Ph. Harrasowsky, Geschichte der Codification des österreichischen Zivilrechts, Wien 1868; ders., Der Codex Theresianus und seine Umarbeitungen, Wien 1884 - 1886 (V). Neuerdings: U. Floßmann, Österreichische PRG, 1983, S. 52 ff.

[21] U. Floßmann, a.a.O., S. 53, die meint, man habe sich zur Übernahme der naturrechtlichen Begriffe nicht entschließen können, eher zur gemeinrechtlichen Einrichtung der bürgerlichen Erwerbsgesellschaft; F. v. Zeiller, Das natürliche Privatrecht, 3. Aufl., Wien 1819, §§ 143 ff.

Die heutige Systematik geht gemäß den vorstehenden Unterscheidungen entweder von den juristischen Personen oder den Gesellschaften aus. Die juristischen Personen werden in Verbände und Vermögensinbegriffe eingeteilt. Zu den Personenverbänden gehören die privatrechtlichen und öffentlichrechtlichen Körperschaften. Die letzten scheiden hier ebenso aus wie die selbständigen Anstalten, so daß nur die privatrechtlichen Körperschaften zu untersuchen sind. Die körperschaftliche Verfassung wird in dem Kapitel „Die juristische Person"[24] erläutert. Ihre Merkmale werden darin gefunden, daß die Mitglieder nicht gemeinsam handeln, sondern daß die Verwaltung von den Organen besorgt wird. Der Bestand der Körperschaft ist vom Wechsel ihrer Mitglieder unabhängig[25]. Die aufgeführten Kriterien treffen nur auf die Vereine zu, denn Stiftungen stehen außerhalb der korporativ organisierten Vereinigungen. In diesem Zusammenhange wird der Verein als eine auf die Dauer angelegte Vereinigung von Personen definiert (Körperschaft), und zwar unter der Voraussetzung, daß sie auf einer *körperschaftlichen Verfassung* beruht[26].

Was das vordringende gesellschaftsrechtlich organisierte System anbetrifft, so ist Ausgangspunkt die Erwerbsgesellschaft, die seit dem Inkrafttreten des ABGB noch fast unverändert in Geltung ist. Ursprünglich war sie für alle Gesellschaftsarten bestimmt, sogar für die Aktiengesellschaft. Später wurden die anderen Gesellschaftsformen besonders geregelt[27]; dessen ungeachtet werden alle Gesellschaften und Vereine heute im Rahmen einer geschlossenen Ordnung zusammengefaßt. Nach dieser Systematik sind folgende Gesellschaftsformen vereinigt: die bürgerlich-rechtliche Erwerbsgesellschaft, die Handelsgesellschaften, die stillen Gesellschaften, die Gesellschaft mit beschränkter Haftung, die Erwerbs- und Wirtschaftsgenossenschaften, der Verein nach dem Vereinspatent 1852 und der Verein nach dem Vereinsgesetz 1951, ferner große und kleine Versicherungsvereine, die Werksgenossenschaften, die korporativen Realgemeinschaften und die Erneuerungsgemeinschaften. Das Neuartige an diesem System ist, daß die Gesellschaft zum beherrschenden Begriff des gesamten Vereinigungsrechts, und damit auch des Körperschaftsrechts, wird. Neuerdings ist das Vereinsrecht sowohl in der Gesamtdarstellung des Personenrechts als auch in den erwähnten Einzelgesetzen erläutert worden[28]. Die wirtschaftlichen Vereine,

---

[22] Krainz / Pfaff, a.a.O., 3. Aufl. besorgt von A. Ehrenzweig, Wien 1899, S. 192 ff., S. 195: Die Korporationen sind entweder öffentlich oder private. Auf Seite 196 ist von Vereinen im allgemeinen und den Aktienvereinen im besonderen die Rede.
[23] Zur moralischen und juristischen Person und zum System siehe Aicher / Rummel, ABGB Komm. 1. Bd., § 26, Rdn. 1 ff. mit Beispielen.
[24] Koziol / Welser, Grundriß des bürgerlichen Rechts I, 1979, S. 59 ff.
[25] Koziol / Welser, a.a.O., S. 61.
[26] Siehe Anm. 23.
[27] Kastner, Grundriß des österreichischen Gesellschaftsrechts, 4. Aufl., 1983, S. 20 ff., 56 ff.

die auf die Erzielung von Gewinn zugunsten der Mitglieder errichtet sind, erwerben die Rechtsfähigkeit durch behördliche Konzession. Allerdings gelten insoweit Sondergesetze für die Handelsgesellschaften und Genossenschaften sowie besondere Anstalten, für die das Normativsystem gilt. In den zuletzt genannten Fällen wird die Rechtsfähigkeit erst mit der Eintragung erworben. Die Rechtssubjektivität der Idealvereine richtet sich nicht nach dem Vereinsgesetz, sondern nach § 26 ABGB. Die beabsichtigte Bildung eines Vereins ist der zuständigen Behörde anzuzeigen, und zwar unter Beifügung der Statuten. Diese legen außer dem Zweck, Sitz und Namen sowie die Vertretung des Vereins u.a. die Rechte und Pflichten der Mitglieder sowie die Organe der Vereinsleitung fest. Geregelt werden ferner die Erfordernisse gültiger Beschlußfassung sowie die Art der Schlichtung von Vereinsstreitigkeiten (§ 4 VG). Das Gesetz räumt dem Landeshauptmann ein Untersagungsrecht ein, das er ausüben kann, wenn der Verein „gesetz- oder rechtswidrig oder staatsgefährlich" ist (§ 6 VG). Nach § 7 kann der Verein seine Tätigkeit beginnen, wenn keine Untersagung erfolgt. Durch den Gründungsbeschluß der *konstituierenden Generalversammlung* entsteht die Rechtsperson[29]. Ihre Handlungsfähigkeit tritt mit der Wahl der Funktionäre ein. Das Vereinsgesetz umreißt die Zuständigkeit der einzelnen Organe nicht, setzt aber solche voraus, nämlich die Generalversammlung (Hauptversammlung, Vollversammlung), den Vorstand, die Rechnungsprüfer und das Vereinsschiedsgericht.

Interessant ist, daß im Text einer Mustersatzung[30] ein *Obmann* vorgesehen ist. Dieser gehört zum Vorstand. Der Obmann führt den Vorsitz in der Generalversammlung und in den Vorstandssitzungen. Bei Gefahr im Verzuge kann er unter eigener Verantwortung selbständig Anordnungen treffen. Die Einführung des Amtes eines Obmannes ist u.U. geeignet, eine *Verbindung zwischen der Vereinsleitung und den Mitgliedern* herzustellen. Dieses Erfordernis ist de lege ferenda besonders zu betonen.

2. ZGB

Das schweizerische ZGB geht im 2. Titel „Die juristische Person" von den körperschaftlich organisierten Verbänden aus. Das gleiche gilt für den 2. Abschnitt „Die Vereine". Ideale Vereine erwerben die Rechtsfähigkeit, sobald der *Wille*, wie es das Gesetz ausdrückt, als *Körperschaft* zu bestehen, *aus den Statuten ersichtlich* ist. Diese müssen über den Zweck, die Mittel

---

[28] Siehe Koziol / Welser, a.a.O., S. 65; Fessler / Kölbl, Österreichisches Vereinsrecht, 5. Aufl. 1985; Liehr / Stöberl, Der Verein, Wien 1983.
[29] Liehr / Stöberl, a.a.O., S. 24; Fessler / Kölbl, a.a.O., S. 71. Die Annahme einer eingeschränkten Rechtsfähigkeit findet keine Stütze im Gesetz. Zu der Streitfrage VfSlg 2459/1952, 8114/1977, 1780/1949.
[30] Liehr / Stöberl, a.a.O., S. 37ff.

und Organisation des Vereins Aufschluß geben (Art. 52 I, 60 I u. II). In den Bestimmungen kommt nicht nur die Körperschaftsidee, sondern auch der Gedanke der *Vereinsfreiheit* im privatrechtlichen Sinne zum Tragen. Denn dem Verein wird dadurch eine freie Verfügung eingeräumt, daß er, sofern er ideale Zwecke verfolgt, die Rechtsfähigkeit ohne die Notwendigkeit der Eintragung im Handelsregister erwirbt, wiewohl es ihm unbenommen ist, eine solche herbeizuführen. Das Selbstbestimmungsrecht des Vereins wird auch dadurch gewahrt, daß an den Pflichtinhalt der Satzung nur ein Mindestmaß von Anforderungen gestellt wird. Schließlich ist die beispielhafte Anführung von idealen Vereinszielen, wie politischen, religiösen, wissenschaftlichen, künstlerischen, wohltätigen und geselligen Aufgaben geeignet, die Vorstellung von Bewegungsfreiheit zu konkretisieren. Die Ausschließung von wirtschaftlichen Zielsetzungen erklärt sich u. a. daraus, daß für wirtschaftliche Vereine die Eintragungspflicht besonders vorgeschrieben ist (Art. 61 II). Die Vereinsmitgliedschaft ist grundsätzlich auf die Person bezogen[31]. Nichtwirtschaftliche Zielsetzungen lassen eine auf das Kapital bezogene Ausgestaltung der Organisation nicht zu. Andererseits erlaubt das Gesetz, daß der Verein für seinen idealen Zweck ein nach kaufmännischer Art geführtes Gewerbe betreibt (Art. 61 II); in diesem Falle darf das Unternehmen nicht *allgemein* zu wirtschaftlichen Zwecken betrieben werden. Im übrigen ist der Verein für diesen Ausnahmefall verpflichtet, seine Eintragung in das Register herbeizuführen. Im Schrifttum wird hervorgehoben, daß für den Verein, verglichen mit anderen Vereinigungen, ein hoher Grad von Freiheit gesetzlich gewährleistet ist[32]. Hieraus erklärt sich die Definition[33], „der Verein ist eine personenbezogene Körperschaft zur Verfolgung nichtwirtschaftlicher Zwecke, die ein kaufmännisches Unternehmen betreiben kann...".

In die Körperschaftsverfassung ist das *demokratische Vereinsprinzip* eingebaut: „die Versammlung der Mitglieder bildet das oberste Organ des Vereins" (Art. 64 I). Zumeist wird sie Generalversammlung genannt, ein Ausdruck, der dem Aktienrecht entnommen ist. Jedoch kann die Vereinsversammlung „auf die Geschicke der Körperschaft" mehr Einfluß gewinnen als die Generalversammlung der AG[34], denn die bürgerlichrechtliche Kompe-

---

[31] Dem Mitgliede kann die Umwandlung des Vereinszweckes nicht aufgezwungen werden (Art. 74).

[32] Heini, Die Vereine, in: Schweizerisches Privatrecht, Einleitung und Personenrecht, Bd. II, Basel 1967, S. 519 ff., unter Hinweis auf A. Egger, Die Freiheitsidee im schweizerischen Zivilrecht, in: Die Freiheit des Bürgers ... Fg. z. 100-Jahrfeier d. BVV, Zürich 1948, S. 297 ff. u. M. Gutzwiller, ZSR, NF 80 II, 1961, Nr. 19, S. 262 mit weiteren Literaturangaben.

[33] A. Meier-Hayoz / P. Forstmoser, Grundr. d. d. schweiz. Ges.rechts, 2. Aufl., S. 335 ff.

[34] A. Meier-Hayoz / P. Forstmoser, a.a.O., S. 343. Siehe zum Aktienrecht OR 721 II; H. Kerling, Die Entwicklung des Aktienrechts im deutschsprachigen Raum, Diss. Linz 1970, S. 178 ff.

III. Körperschaft und Verein

tenzvermutung spricht im Gegensatz zur aktienrechtlichen Gestaltung zugunsten der Versammlung, von der die übrigen Organe ihre Rechtsposition ableiten. Insbesondere wählt die Versammlung den Vorstand, den sie überdies jederzeit abberufen kann, wie auch die sonstigen Organe. Über alle diese übt sie gemäß Art. 65 II eine gesetzliche Aufsicht aus. Hinsichtlich des Rechts der Abberufung bestimmt das Gesetz, daß sie durch einen wichtigen Grund zu rechtfertigen ist. Der Vorstand hat das Recht und die Pflicht, die Angelegenheiten des Vereins zu besorgen und ihn zu vertreten (Art. 69). Einzelheiten bestimmen die Statuten. Die Kompetenzen der beiden Organe sind vom Gesetz nur summarisch geregelt, übrigens sind sie insofern inkompatibel, als die Versammlung über einzelne, nicht unbedingt zusammenhängende Tagesordnungspunkte entscheidet, und zwar in einem formalisierten Beschlußverfahren, wohingegen der Vorstand die täglichen Geschäfte in laufender Behandlung gesamtheitlich erledigt (das Gesetz sagt „besorgt"). Die Beurteilung gilt einheitlich für sämtliche verglichenen Rechtsordnungen.

Die Mitglieder stimmen mehrheitlich ab, und zwar auf Grund eines gleichen Stimmrechts in der Vereinsversammlung (Art. 67). Die Beiträge sind ebenfalls zu gleichen Teilen zu leisten (Art. 71 II). Auf die Person bezogene Pflichten der Mitglieder sind vom Gesetz nicht vorgesehen, müssen daher gegebenenfalls in der Satzung niedergelegt werden. Über die Aufnahme und den Ausschluß von Mitgliedern befindet die Vereinsversammlung. Die Gründe der Ausschließung können die Statuten bestimmen (Art. 65 I, 72 I). Die Ausschließung darf nur durch Beschluß des Vereins aus einem wichtigen Grunde erfolgen (zur Stellung ausgeschiedener Mitglieder siehe Art. 73).

Auf den Verein ist im *Stadium des Entstehens* als einer Körperschaft das Recht der einfachen Gesellschaft anzuwenden (Art. 72). Dies gilt auch für Vereine, denen nach der Ausdrucksweise des Gesetzes „die Persönlichkeit nicht zukommt".

Die schweizerische Rechtsdogmatik hat sich im Rahmen der Darstellung des Rechts der Verbandspersonen mit der Körperschaft auseinandergesetzt. Besonders gilt dies für die Abhandlung von Max Gutzwiller[35]. Nach seiner Ansicht tritt die *Verbandsperson* in deutschrechtlicher Betrachtungsweise als eine „reale" und „volle Person" neben die Einzelperson[36], wohingegen die Fiktionstheorie die natürliche Person „in nominalistischer Projektion auf einer begrifflichen Ebene als Körperschaft gewissermaßen wiederholt". Diesen Begriff bezeichnet Gutzwiller als eine geeignete „sprachliche Einkleidung" und meint, es handle sich dabei um eine „Typisierung und Institutionalisierung". Auf diesem Wege treten die entsprechenden Gebilde aus

---

[35] M. Gutzwiller, Das Recht der Verbandsperson, in: Schweizerisches Privatrecht, Bd. II, Basel 1967, S. 427ff. (Grundsätzliches) und S. 571ff. (Die Stiftungen).
[36] M. Gutzwiller, a.a.O., S. 440.

der einfachen Pluralität hinaus, und wechseln „in die transpersonale Ebene"[37]. Mittels der Organisation werden die Strukturelemente „zu einem sinnvollen Ganzen" zusammengefügt. In der Fortsetzung dieser Gedanken wird dann das Wesen der Verbandsperson bestimmt.

In der Systematik[38] werden neben den Körperschaften die Anstalten entwickelt. Als Oberbegriff erscheint die juristische Person, die in sich vereinigt: *Korporationen, Anstalten und Stiftungen*[39]. Zweckvermögen und Einrichtungen haben sich nach Gutzwiller als eine erfolgreiche Weiterbildung des Körperschaftsgedankens erwiesen. Was die privaten Körperschaften angeht, so unterscheidet sich der Verein von einer bloßen Personenvielheit durch seine körperschaftliche Organisation. Ihr gegenüber hat die schuldrechtliche Gesellschaft den Status eines Kontraktes[40].

IV. Die systematische Rechtsstellung der Körperschaften des öffentlichen Rechts

a) Überblick

Innerhalb der Systematik der juristischen Personen des öffentlichen Rechts werden u. a. die Körperschaften des öffentlichen Rechts aufgeführt. Vielfach werden dabei die Unterscheidungsmerkmale dargestellt, die sich auf die Art der Entstehung und Zwecksetzung sowie die Mittel zu erstrecken pflegen. Im Gegensatz zur privaten Körperschaft wird die öffentlichrechtliche Erscheinung durch hoheitlichen Akt errichtet, wie immer er zum Ausdruck gelangt. Die Aufzählung der Anwendungsfälle bezieht sich hauptsächlich auf die Gebietskörperschaften und Personalkörperschaften sowie die Träger der Sozialversicherung und öffentlichrechtlich strukturierten Verbände. Es handelt sich demnach um innerstaatliche Organisationsformen sui generis. Die Mitgliedschaft in derartigen Körperschaften wird nicht existentiell wie im Bereich der Vereine gewertet. Andererseits unterscheiden sie sich gegenüber den Anstalten und Stiftungen des öffentlichen Rechts durch den mitgliedschaftlichen Charakter. Aus der Entwicklung der öffentlichen Körperschaft in der zivilrechtlichen Dogmatik ist hervorzuheben, daß die Korporationen im Übergang vom 18. zum 19. Jahrhundert noch nicht in private und öffentliche gesondert wurden. Korporationen waren lediglich der Staat als Fiskus, die Gemeinden, die Universitäten und Kirchen, und zwar die letzten Kategorien ohne jegliche rechtliche Selbständigkeit, weil diese nur als Bestandteile der staatlichen Organisation angesehen

---

[37] M. Gutzwiller, a.a.O., S. 442.
[38] M. Gutzwiller, a.a.O., S. 448 ff.
[39] M. Gutzwiller, a.a.O., S. 449, A. 1, unter Hinweis auf Bekker, Regelsberger, Heusler und Haff.
[40] M. Gutzwiller, a.a.O., S. 455.

IV. Die Rechtsstellung der Körperschaften des öffentlichen Rechts

wurden. Die Eigenschaft einer juristischen Person erfaßte nur die Vermögensfähigkeit. Die spätere konstitutionelle Staatslehre tendierte dahin, den in Rede stehenden Verbänden eine selbständige Stellung gegenüber dem Staat einzuräumen. Die Doktrin „von den Rechten einer Korporation" erkannte einer solchen ein gewisses Minimum von ursprünglichen Rechten zu, besonders in mitgliedschaftrechtlicher und organschaftrechtlicher Hinsicht.

In der Geschichte der öffentlichen Körperschaften spiegelt sich die Verfassungsentwicklung von Zeit zu Zeit wider. Der rechtsdogmatische Begriff hat sich nach weitverbreiteter Meinung im Übergang von dem Regime des Absolutismus zu den konstitutionellen Systemen herausgebildet und später im Zeichen der Ausbreitung des Staates und seines Einflusses auf verschiedenen gesellschaftlichen Lebensgebieten weiter entfaltet. Die verfassungsgeschichtlichen Betrachtungen, die hier nicht vorzutragen sind, haben erwiesen, daß der Begriff der öffentlichen Körperschaft als ein „politischer" zu verstehen und deshalb als ein „offener" zu analysieren ist. Notwendiger Weise ist er daher stets situationsgebunden und infolgedessen aus den wandelbaren Verhältnissen zwischen Staat und Gesellschaft im 19. und 20 Jahrhundert abzuleiten. So ergibt sich, daß die rechtliche Selbständigkeit der innerstaatlichen Körperschaften aus der staatlichen Hoheit hervorgeht, was namentlich im Zeitalter der Monarchie problematisch gewesen ist. Auf der anderen Seite bestimmt die gesellschaftliche Entwicklung besonders im Verbandsleben die Differenzierung der Typologie.

Die angedeutete Thematik, in die neben genossenschaftlichen auch staatliche Züge hineinragen, hat ihren Sitz hauptsächlich in der Geschichte des Staats- und Verwaltungsrechts, der Verfassungsgeschichte sowie der allgemeinen Staatslehre. Die Theorie der Verbände und Körperschaften hat besonders das „Deutsche Privatrecht" erschlossen (O. v. Gierke, Deutsches Privatrecht I, S. 513 ff., 562 ff., 622 ff.; F. Wieacker, Privatrechtsgeschichte der Neuzeit, 2. Aufl., S. 378, 453, wo unter dem Blickpunkt der Historischen Schule und Pandektenwissenschaft sowie des Positivismus die Lehre der Verbandsperson von O. v. Gierke eingehend kritisiert wird).

Im Rahmen der Darstellung der juristischen Personen des öffentlichen Rechts sind die genannten Körperschaften außerdem im Pandekten- und Zivilrecht eingehend erörtert worden. Die Dogmatik ist naturgemäß vorwiegend personenrechtlich fundamentiert. Wie noch zu zeigen sein wird, zieht sich das Phänomen der öffentlichen Körperschaft quer durch die Institutionen des Staats- und Verwaltungsrechts sowie der Privatrechtsgeschichte und des Zivilrechts. Die öffentliche Verwaltung kommt auf diesem Wege in die zivilrechtliche Dogmatik der juristischen Person hinein[1]. Als Träger

---

[1] Vorbildlich: Enneccerus / Nipperdey, Allgemeiner Teil des Bürgerlichen Rechts I, 15. Aufl., 1959, S. 730 ff. mit zahlreichen Literaturnachweisen, die sich vor allem auf

2. Hauptteil: Die kodifizierte Körperschaftsverfassung

öffentlicher Verwaltungsfunktionen erscheinen sie als selbständige öffentliche Einrichtungen der mittelbaren Staatsverwaltung. Die öffentlichrechtlichen Körperschaften werden als juristische Personen des öffentlichen Rechts von den privatrechtlichen juristischen Personen durch das öffentliche Recht abgegrenzt[2]. Ausgangspunkt ist eine Verwaltungseinheit von „verbandsmäßiger Rechtsgestalt", woraus sich die Vorstellung von öffentlichen Verbänden im Sinne von Verbandspersonen erklärt. Ihr gegenüber steht der private Verein, und zwar ursprünglich in genossenschaftlicher Gestalt. Die Mitglieder der Körperschaft des öffentlichen Rechts sind entweder natürliche oder juristische Personen. Die zugrundegelegte Einheit verwaltet sich selbst (Grundsatz der Selbstverwaltung).

Die Begriffsbestimmung faßt die öffentliche Körperschaft im engeren Sinne auf, d.h. unter Ausschluß der öffentlichen Anstalten und Stiftungen. Die in Rede stehenden Körperschaften erschöpfen sich ihrer Aufgabe entsprechend nicht in der Koordinierung individueller Interessen, vielmehr entfalten sich überpersönliche Kräfte zwischen den Mitgliedern und der staatlich organisierten Gesellschaft[3].

Im Gegensatz zu den öffentlichen Körperschaften fehlt den Anstalten des öffentlichen Rechts die „verbandsmäßige Struktur". Sie sind wie die privatrechtliche Stiftung ohne Mitglieder. Ferner findet der Grundsatz der Selbstverwaltung keine Anwendung. Sowohl im Bereich des öffentlichen Rechts als auch des Privatrechts werden die öffentlichen Körperschaften und die Anstalten in Gruppen aufgeteilt. Schon früh ist hierbei an das Territorium angeknüpft worden. Hieraus erklärt sich, daß die Gebietskörperschaften vorangestellt werden und ihnen „Nichtgebietskörperschaften" folgen[4], so z.B. Kammern, Ausgleichsverbände, öffentliche Genossenschaften, Universitäten, öffentliche Religionsgesellschaften usw. Auf Grund dieser Gliederung ist der Staat die oberste Gebietskörperschaft[5]. Die Charakterisierung stößt auf das Bedenken, daß der Begriff der öffentlichen Körperschaft nicht in der Weise steigerungsfähig ist, daß eine superlative Körperschaftsform gebildet wird. Die öffentliche Gewalt des Staates ist ohnehin verfassungsmäßig „übergeordnet". Aus der Gebietshoheit folgt ohne weiteres die Gebietskörperschaft als „grundsätzlich unbeschränkte, obrigkeitliche All-

---

das Verwaltungsrecht beziehen (Fleiner, Koellreuter, W. Weber, W. Jellinek, Peters, Forsthoff, Köttgen, Giese, Hatschek, Weyl, Stier-Somlo).

[2] Enneccerus / Nipperdey, a.a.O., S. 729, Anm. 3.

[3] Zur Begründung siehe Reuter / Münch. Komm., Vor § 21 Rdn. 48 unter Hinweis auf Rittner.

[4] Enneccerus / Nipperdey, a.a.O., S. 734; Häfelin, Die Rechtspersönlichkeit des Staates, 1. Teil: Dogmengeschichtliche Darstellung, 1959.
Die sogenannte Nichtgebietskörperschaft läuft auf einen negativen Sammelbegriff hinaus, der eine positive Aussage ausschließt.

[5] Enneccerus / Nipperdey, a.a.O., S. 731.

IV. Die Rechtsstellung der Körperschaften des öffentlichen Rechts

zuständigkeit gegenüber den Einwohnern"[6]. Eine entsprechende Graduierung der Gebietskörperschaft ist darüber hinaus nicht erforderlich.

Das BGB stellt in § 89 I den Fiskus voran und zählt im Anschluß die Körperschaften, Stiftungen und Anstalten des öffentlichen Rechts auf. Über die Rechtsfähigkeit der Körperschaften, die als öffentliche bezeichnet werden, ist keine besondere Rahmenregelung getroffen, weil sie ipso jure rechtsfähig sind. Diese Eigenschaft folgt ohne weiteres aus der staatlichen Anerkennung.

b) Fortsetzungszusammenhänge

In ihren Wandlungen ist die Körperschaft eine Grundfigur der Rechtsgeschichte. Neuerdings ist sie in der Privatrechtsgeschichte und Verfassungshistorie aufgegriffen und weiter ausgeprägt worden[7]. Außerhalb solcher allgemeinen Betrachtungsweisen werden in der Gegenwart körperschaftliche Probleme in Monographien dargelegt. In vorliegendem Zusammenhange interessieren besonders solche Abhandlungen, die sich den öffentlichen Körperschaften widmen. Hierher gehören außerdem Lehrbücher aller Rechtssparten, die neben anderen Institutionen die Körperschaften des öffentlichen Rechts erläutern[8,9].

---

[6] Enneccerus / Nipperdey, a.a.O., S. 731.

[7] Wieacker erwähnt die Korporationen in dem Abschnitt, der die mittelalterlichen Grundlagen erörtert. Es geht um den Ausbau der mittelalterlichen Rechtswissenschaft durch die Konsiliatoren (PRG, S. 80ff., 84). Als Institutionen, die zuerst die Konsiliatoren erschlossen, werden neben anderen die Korporationen erwähnt. In der Bilanz der Rezeption und dem Usus modernus tritt besonders die Theorie der juristischen Person hervor, und zwar als persona moralis. „In ihrer heutigen Gestalt ist sie Monument moderner Begriffs- und Systemarbeit, deren Antriebe einerseits die Verfassung und Organisation zunächst der Kirche, später vorzugsweise des neuzeitlichen Staats und seiner Gebietskörperschaften, und andererseits die moderne Wirtschaftsgesellschaft waren" (S. 242). In einem anderen Rahmen, der die Historische Rechtsschule und Pandektenwissenschaft sowie den Positivismus betrifft, setzt sich Wieacker mit dem ZGB auseinander und betont hierbei, daß die körperschaftlich organisierte Personalverbindung (Art. 52 ZGB) zutreffender ist als die juristische Person der §§ 21 ff. BGB und die Bestimmung ihrer Rechtsfähigkeit. Die reale Verbandspersönlichkeit erscheint als ein Traumbild O. v. Gierkes.
In dem Teil, in dem das Privatrecht in der Krise des Positivismus gesehen wird (S. 514ff.) erörtert der Genannte die Fortentwicklung des deutschen bürgerlichen Rechts, insbesondere den Allgemeinen Teil (unter Bezugnahme auf Boehmer, Grundlagen des Bürgerlichen Rechts II, 2, S.167ff.). Hierbei handelt es sich darum, daß die Rechtsprechung zum Vereinsrecht und zum Recht der Kapitalgesellschaften das Verfassungsrecht der körperschaftlich organisierten Verbände des Privatrechts tiefgreifend umgestaltet hat (S. 516). Die Theorien der Fiktion und der realen Verbandspersönlichkeit haben nach der Ansicht Wieackers die Grundstruktur der juristischen Person als körperschaftlicher Verband „gründlich verdeckt" (S. 516, Anm. 6).

[8] In seinem Lehrbuch Gesellschaftsrecht Bd. I, Grundlagen (München 1980) grenzt Wiedemann öffentlichrechtliche Körperschaften von anderen Gemeinschaftsformen ab. Jene sind u. a. Gebietskörperschaften, Personalkörperschaften, Realkörperschaften, Sozialversicherungsträger und öffentlichrechtliche Spitzenverbände, deren Mitglieder juristische Personen sind. Mit Recht wendet er sich dagegen, daß alle privaten

und öffentlichen Personenverbände von den Typen des BGB bis zu den Gebietskörperschaften in einer wissenschaftlichen Darstellung zusammengefaßt werden. Dies richtet sich gegen die Gesamtschau, die O. v. Gierke in seinem System des Sozialrechts angestrebt hat. Die öffentlichen Körperschaften würden sich als „dezentralisierte staatliche Organisationen", bei denen die Mitgliedschaft keine „existenzielle Bedeutung" hat, in ein solches System nicht einfügen. „Nur kommt es für die Existenz der Körperschaft, ihre Zweckrichtung und Organisationsstruktur nicht darauf an, ob und welche Personen als Mitglieder beitreten, denn dies alles wird hoheitlich vorgegeben."

Als begriffliches Merkmal wird nicht angesehen, daß die öffentlichen Körperschaften ihre Aufgaben mit hoheitlichen Mitteln erfüllen. Hierin wird nur ein typologisches „Abgrenzungsmerkmal" gesehen (S. 12 unter Hinweis auf Wolff / Bachof, Verwaltungsrecht II, 4. Aufl. 1976, § 84, IIIb; Forsthoff, Verwaltungsrecht, 10. Aufl. 1973, § 25, II, 2., S. 489; Werner Weber, Handwörterbuch der Sozialwissenschaften, 6, S. 40. Zur Unterscheidung der Verbände von den öffentlichen Körperschaften: Scheuner, in: Gedächtnisschrift für Karl Peters, 1967, S. 797 ff.).

Unter den öffentlichrechtlichen Körperschaften unterscheidet Wiedemann Zwangskörperschaften und Freiverbände, wie z.B. Innungen (S. 12).

In seinem Buch Wirtschaftsrecht, 1963, hat Rinck ein Kapitel der Selbstverwaltung der Wirtschaft gewidmet, das sich an die Erörterung der Vereinigungsfreiheit anschließt. Das Ganze steht unter der Überschrift „Kammern und Verbände". Beide entstehen durch staatlichen Hoheitsakt. Für denkbar wird erachtet, daß die Verwaltung eine private Organisation in den Rang einer Körperschaft erhebt. Dies geschieht dadurch, daß eine Betrauung mit staatlichen Aufgaben stattfindet. Sowohl Privatpersonen als auch privaten Verbänden können auf diese Weise öffentlichrechtliche Aufgaben übertragen werden. Rinck ist der Auffassung, daß die beliehenen Verbände Gebilde des Privatrechts bleiben. Wie die öffentlichen Körperschaften unterliegen sie der Staatsaufsicht (S. 296). Siehe hierzu Huber, Wirtschaftsverwaltungsrecht I, 1953, S. 531 ff.

[9] Die verschiedenen Methoden, die öffentliche Körperschaft entwicklungsgeschichtlich zu erfassen, hat unlängst K. J. Bieback zusammengestellt und innerlich miteinander verbunden (Die öffentliche Körperschaft, Schriften zum Öffentlichen Recht, Band 286, 1976). Der Ausgangspunkt ist, daß die Geschichte dieses Begriffes zugleich die Historie der Entstehung selbständiger innerstaatlicher Einheiten ist. In der Einführung werden die Arbeiten von Hubrich, Endrös und Waldecker zugrundegelegt. Nach der Darstellung der Verbände im konstitutionellen System des Vormärz wird die öffentliche Körperschaft in der Zivilrechtswissenschaft dargestellt. Am Ende analysiert der Verfasser, was die Gegenwart betrifft, die öffentliche Körperschaft von dem bundesstaatlichen Prinzip her und vor allem dem Sozialstaatsprinzip (S. 460 ff.). Nach seiner Meinung hat die Verbindung der Verbandslehre mit der von der juristischen Person eine sachgemäße Erläuterung der Verbände wesentlich vereitelt.

Vom dogmengeschichtlichen Standpunkt ist in gleicher Weise interessant die oben zitierte Abhandlung von Schikorski, der die Ausgestaltung der Körperschaftslehre „komplementär" zur Erfassung „individueller Persönlichkeit" sieht. Der Körperschaftsbegriff ist nach seiner Vorstellung „das Negativbild (oder der „Überbau") des allgemeinen Personenbegriffes". Die Grundauffassung ist, daß der Mensch auf das individuelle Gegenüber „von seiner Persönlichkeitsstruktur her konstitutiv angelegt und angewiesen ist" (S. 239).

Zur positiven Gesetzeslage ist zu bemerken, daß der Körperschaftsbegriff nur selten im Gesetz ausdrücklich hervortritt, wenn er auch oft vorausgesetzt wird, und zwar in der Formel „Rechte einer Körperschaft des öffentlichen Rechts". Diese begegnet z.B. im Verwaltungsgerichtsverfahren, siehe Eyermann / Fröhler, Verwaltungsgerichtsordnung, 6. Aufl. 1974, § 42, Rdn. 65, 77. Als Beispiele sind angeführt: Staat, Gemeinden, Gemeindeverbände, Religionsgesellschaften; siehe ferner a.a.O., § 43, Rdn. 3.

3. Hauptteil

Die kodifizierte Stiftungsverfassung

I. Die Verfassung der gemeinnützigen Stiftung nach österreichischem Bundesrecht

a) Gesetzessystematik

Das österreichische Allgemeine bürgerliche Gesetzbuch vom 1. Juni 1811 erläutert den Begriff der Stiftung nicht, sondern unterscheidet ihn nur allgemein von den „Substitutionen" und „Fideikommissen". Immerhin wird der Gegenstand dahin umschrieben, daß Einkünfte von Kapitalien, Grundstücken oder Rechten zu gemeinnützigen *Anstalten* für „geistliche Pfründen, Schulen, Kranken- oder Armenhäuser" dauernd bestimmt werden. Als weiterer Zweck wird der „Unterhalt gewisser Personen" erwähnt. Aus dieser Vorschrift[1] ist die Definition abgeleitet worden, daß die Stiftung durch Widmung eines Vermögens und durch behördliche Annahme der Widmung zustandekommt. Wesentliches Merkmal ist der dauerhafte gemeinnützige Zweck. Die sogenannten unselbständigen Stiftungen fallen nicht unter diesen Begriff. Die zitierte Vorschrift enthält jedoch keine Regelungen der Stiftungen im einzelnen, sondern verweist insoweit auf die „politischen" Verordnungen, die aus dem Bereich des öffentlichen Rechts stammen, wie z.B. Entschließungen und Dekrete. Deswegen wird angenommen, daß die Stiftung ursprünglich infolge dieser Verweisung aus dem ABGB ausgeschlossen wurde[2].

Das Bundes-Stiftungs- und Fondsgesetz vom 27. November 1974 (BGBl. Nr. 11/1975)[3] griff die obige Definition zum Teil wieder auf, indem es die Stiftungen und Fonds an das Erfordernis der Erfüllung gemeinnütziger oder mildtätiger Zwecke band. Zugrunde liegt eine Anordnung des Stifters, wonach ein „Vermögen mit Rechtspersönlichkeit gewidmet wird, und zwar in der Weise, daß nicht die Substanz, sondern die Erträgnisse dem erwähn-

---

[1] § 646 ABGB; Welser / Rummel, ABGB, 1. Band, 1983, § 646, Anm. 1.
[2] O. Stammer, Handbuch des österreichischen Stiftungs- und Fondswesens, Eisenstadt 1983, S. 45 ff. Zum früheren Stiftungsrecht: R. H. v. Herrnritt, Das österreichische Stiftungsrecht, Wien 1896.
[3] Zu diesem Gesetz und seiner systematischen Darstellung siehe O. Stammer, a.a.O., S. 13 ff. mit seiner Übersicht über die Bundes-Stiftungen und Fonds sowie die Landes-Stiftungen und Fonds, S. 489 ff.

ten Zwecke dienen"[4]. Das Prinzip der Gemeinnützigkeit steht nach der im Schrifttum vertretenen Auffassung[5] mit dem Phänomen der moralischen Person in Verbindung. Der Grundgedanke ist dabei der, daß für die Stiftung als moralische Person die üblichen Anforderungen an die Gesellschaft nicht ausreichen, sondern daß über die „Erlaubtheit" hinaus verlangt werden müsse, daß die Stiftung sozialen Zwecken, d. h. solchen Interessen, die über die individuellen hinausgingen, diene. Mittels der Konstruktion wurde der gemeinnützige Stiftungszweck dem Korporationszweck entgegengestellt. Es stehe dahin, ob diese Beweisführung zutrifft, denn das oben genannte Bundesgesetz hat inzwischen den *gemeinnützigen Zweck* definiert. Es wird nämlich eine Förderung der Allgemeinheit verlangt, die insbesondere gegeben ist, wenn die Stiftung dem Gemeinwohl nützt. In dieser Hinsicht werden das sittliche, geistige, kulturelle und sportliche sowie das „materielle" Gebiet aufgeführt. In diesem Sinne wird auch Gemeinnützigkeit angenommen, wenn durch die Stiftung nur ein bestimmter Personenkreis gefördert wird. *Mildtätig* sind solche Zwecke, die der Unterstützung hilfsbedürftiger Personen dienen. Vom Standpunkt einer allgemeinen Beurteilung gehören zu den gemeinnützigen Stiftungen die Stiftungen des öffentlichen Rechts und die weitaus überwiegende Mehrheit der privatrechtlichen Stiftungen. Jedoch wird die Systematik nicht dadurch gefördert, daß die gemeinnützigen Stiftungen als öffentliche bezeichnet werden, weil dieser Ausdruck hin- und hergewendet wird. Festzuhalten ist jedenfalls, daß die gemeinnützigen Stiftungen das Gegenteil der privatnützigen Stiftungen, zu denen insbesondere regelmäßig die Familienstiftungen gehören, sind.

Hervorzuheben ist, daß nach der Bestimmung über den Anwendungsbereich des BSFG[6] der *Widmungsakt privatrechtlicher Natur* ist, so daß die Stiftung als juristische Person betrachtet, zum Bereich des Privatrechts gehört[7].

Auf dem Abschnitt, der den Anwendungsbereich ordnet, bauen sich zwei weitere Abschnitte auf, die die *Stiftung und den Fonds* regeln, und zwar nach einem für beide Einrichtungen im wesentlichen einheitlichen System. Voraussetzung für die Errichtung einer Stiftung sind die Stiftungserklärung und die behördliche Entscheidung, daß die in ihr vorgesehene Gründung zulässig ist[8]. Auf dieser Rechtsgrundlage erwirbt die Stiftung die Rechtsfä-

---

[4] § 2 BSFG.
[5] Siehe Herrnritt, a.a.O., S. 48ff.
[6] § 1 I. Das bis dahin maßgebende Hofkanzleidekret von 1841 wurde aufgehoben. Zum früheren Recht siehe Beinhauer, Stiftungen in Europa, 1971, 11 sowie ÖJZ 1972, 378.
[7] O. Stammer, a.a.O., S. 51ff. Siehe auch S. 46, 47, 48, 49, 77, 317, 611, 631, 649, 667 und bezüglich des Fonds S. 109, 620, 640, 658.
[8] Der Anwendungsbereich ist dadurch eingeschränkt, daß die Stiftungen und Fonds nach ihren Zwecken über den Interessenbereich eines Landes hinausgehen. Dies hat zur Folge gehabt, daß bereits Landesgesetze ergangen sind, so z. B. in Nieder-

I. Die Verfassung der gemeinnützigen Stiftung nach österreich. Bundesrecht 69

higkeit. Hiermit steht in unmittelbarem Zusammenhang die Bestellung eines Stiftungskurators. Im Mittelpunkt der Verfassung befindet sich die Stiftungssatzung, die vielfach in anderen Gesetzbüchern nicht gesetzlich behandelt wird. Die Stiftungssatzung hat u. a. Angaben über die Errichtung der Stiftung, ihr Stammvermögen und den Zweck sowie die Verwendung der Erträgnisse zu enthalten. Im übrigen kommen in ihr der Name und der Sitz sowie die gesamte Organisation zum Ausdruck, auf die im einzelnen noch einzugehen ist. Sondervorschriften behandeln die Bestellung und Abberufung der Stiftungsorgane. In diesem Rahmen befinden sich außerdem Vorschriften, die die staatliche Aufsicht über Stiftungen und über die Bestellung eines Stiftungskommissärs mit sich bringen. Änderungen, Umwandlungen und Auflösungen bilden die Schlußkapitel der Organisation. Der IV. Abschnitt umreißt die Kompetenz der zuständigen Behörden, der V. Abschnitt bezieht sich auf die Register über Stiftungen und Fonds. In den Übergangsbestimmungen ist festgelegt, daß Stiftungen oder Fonds, die den Voraussetzungen des § 1 I entsprechen und vor dem Inkrafttreten des BSFG errichtet wurden, als Stiftungen oder Fonds im Sinne des genannten Bundesgesetzes gelten[9].

b) Stiftungserklärung

Die Stiftungserklärung umfaßt einen gesetzlichen Inhalt, nämlich in erster Linie die Erklärung des Stifters, eine Stiftung errichten zu wollen, dadurch, daß er ein bestimmtes Vermögen dauernd widmet, und zwar zu dem Stiftungszweck. Dieser ist entweder gemeinnützig oder mildtätig[10]. Die Errichtung wird als zulässig erachtet, wenn sie die Widmung und die Angaben, die das Vermögen und den Zweck betreffen, enthält, und das Stiftungsvermögen (Stammvermögen) zur dauernden Erfüllung des Stiftungszweckes ausreicht. Diese Voraussetzung ist nicht erfüllt, wenn „die Erträgnisse voraussichtlich auf längere Sicht oder dauernd nur die Erhaltung von Liegenschaften ermöglichen, ohne daß diese der unmittelbaren Erfüllung des Stiftungszweckes dienen"[11]. Üblicherweise fällt der Widmungsakt mit der Bestimmung des Stiftungszweckes zusammen. Im Hinblick auf den Satzungsinhalt soll der Gesamtakt bereits die *Stiftungsverwaltung* regeln.

österreich und Tirol, die den Geltungsbereich insofern einschränken, als die Zwecke über den Interessenbereich des Landes nicht hinausgehen. In dem BSFG ist eine zeitliche Grenze gesetzt, weil es sich nicht auf Einrichtungen bezieht, die schon vor dem 1. X. 1925 von den Ländern autonom verwaltet wurden. Auf kirchliche Stiftungen und Fonds findet das genannte Gesetz nur unter den Voraussetzungen des § 1 II Anwendung.

[9] § 41 BSFG.
[10] § 4 I Ziffer 1 - 3.
[11] § 5 II.

Das Gesetz schreibt für die Stiftung unter Lebenden die Schriftform und für Stiftungen von Todes wegen die Form einer letztwilligen Anordnung vor[12]. Im letztgenannten Fall wird die Stiftung selbst als Erbe eingesetzt oder als Vermächtnisnehmer bedacht. Im Wege der Auslegung ist zu klären, ob der Erblasser in seiner Eigenschaft als Stifter die Errichtung einer Stiftung, sei es durch Erbeinsetzung sei es durch Vermächtnis, im Wege der Vermögenswidmung beabsichtigt hat. Für die Stiftung zu Lebzeiten des Stifters ist erforderlich, daß die Stiftungserklärung unwiderruflich gegenüber der Stiftungsbehörde abgegeben wird, versehen mit der beglaubigten Unterschrift des Stifters[13]. Im Verfahren der Entscheidung über die Zulässigkeit hat der Stifter seine Erklärung der Stiftungsbehörde urkundlich vorzulegen. Bei letztwilliger Errichtung hat das Verlassenschaftsgericht die Finanzprokuratur hiervon zu verständigen. Diese gibt die Erbserklärung oder die Erklärung der Annahme des Vermächtnisses zugunsten der letztwillig bedachten Stiftung ab. Die Prokuratur vertritt die Stiftung bis zur Bestellung des Stiftungskurators, den die Stiftungsbehörde bestellt, und zwar für Stiftungen, die gemäß § 6 BSFG für zulässig erklärt wurden. In diesem Verfahren ist die Parteistellung nach der Art der Stiftungen geordnet. Bei Stiftungen unter Lebenden sind der Stifter und der Finanzprokurator Partei, bei Stiftungen von Todes wegen ebenfalls jene Behörde sowie die Erben des Stifters und der Testamentsvollstrecker.

Die *Entscheidung der Stiftungsbehörde,* daß die Stiftung zulässig ist, führt ihre *Rechtsfähigkeit* herbei. Handelt es sich um eine Verfügung von Todes wegen, so wirkt die Entscheidung auf den Zeitpunkt des Todes des Erblassers zurück. Bis zur Beschlußfassung der Stiftungsbehörde besteht gewissermaßen ein schwebendes Rechtsverhältnis. Die Konstituierung ist mit der in Rede stehenden Entscheidung abgeschlossen, weil diese in dem Sinne konstitutiv ist, daß sie die juristische Person der Stiftung zur Entstehung bringt. Es trifft daher nicht zu, daß die behördliche Genehmigung nur deklaratorisch wirkt[14]. Nachdem der Errichtungsakt unwiderruflich geworden ist, kann der Stifter auf die Stiftung rechtlich nicht mehr einwirken. Für die Institution handeln nunmehr die satzungsmäßigen Organe, unabhängig vom Stifter[15].

Die Stiftungsbehörde bestellt gemäß § 7 BSFG einen *Stiftungskurator* als vorläufiges Stiftungsorgan. Es handelt sich um eine Vorsorge für den Zeitraum zwischen der Zulässigkeitserklärung und der Genehmigung der Stiftungssatzung. Dem Kurator liegt die Verwaltung des Stiftungsvermögens und die Vertretung der Stiftung ob. Ferner hat er die Stiftungssatzung vor-

---

[12] § 4 II, IV. Zur letztwilligen Anordnung siehe Welser / Rummel, § 646, Rdn. 10.
[13] § 4 III. Koziol / Welser, Grundriß d. bürg. Rechts, 5. Aufl, S. 68.
[14] A. A. O. Stammer, a.a.O., S. 69.
[15] O. Stammer, a.a.O., S. 71 ff.

zulegen und Vorschläge für die erstmalige Bestellung der Organe der Stiftung zu machen[16].

c) Organisation

Die Stiftungsorgane bilden einerseits ein Erfordernis der *Satzung,* unterliegen andererseits den Bestimmungen über ihre erste sowie weitere Bestellung und über die persönlichen Anforderungen. Hiernach haben sie ihre Tätigkeit unter Beachtung der Rechtsgrundlagen „ordentlich und gewissenhaft" auszuüben, und zwar mit den gesetzlichen Konsequenzen für den Fall der Zuwiderhandlung[17]. Das BSFG legt den Geschäftsbereich der Organe nicht im einzelnen fest, sondern spricht nur von ihrer Tätigkeit schlechthin. *Die Stiftungssatzung* darf die Verwaltung der Stiftung durch Organe einer öffentlichrechtlichen Körperschaft nur unter den gesetzlichen Voraussetzungen vorsehen[18]. In dem Abschnitt über die Stiftungsaufsicht werden die Organe verpflichtet, der Stiftungsbehörde einen Rechnungsabschluß über das abgelaufene Kalenderjahr vorzulegen[19]. Die Änderung der Satzungsbestimmungen kann nur auf der Grundlage eines Beschlusses der Stiftungsorgane stattfinden. Nach ausdrücklicher Gesetzesvorschrift ist hierbei der Wille der Stifter zu beachten, wodurch die Kontinuität zwischen dem Stiftungsgeschäft und der Satzung hergestellt ist. Ein solcher Beschluß bedarf als Verfassungsänderung der Genehmigung der Stiftungsbehörde, die sogar den Stiftungsorganen die Änderung auftragen muß, wenn diese zur Verwirklichung des Stifterwillens erforderlich ist[20].

Die Auflösung der Stiftung setzt einen Antrag der vertretungsberechtigten Organe voraus. Es besteht aber auch die Möglichkeit, daß die Stiftung von Amts wegen aufgelöst wird. Die Gründe sind in § 20 I Ziffer 1 - 3 im einzelnen aufgeführt. Sie beziehen sich vor allem auf das Stiftungsvermögen, außerdem auf den Stiftungszweck, besonders wenn er nicht mehr gemeinnützig oder mildtätig ist[21].

Der Zweck der Stiftung ist nach § 10 II Ziffer 3 in die Satzung aufzunehmen. Hieraus folgt, daß auch die Art und Weise der Verwendung der Erträgnisse in der Satzung niederzulegen sind. Das gleiche gilt für den durch die Zuwendungen begünstigten Kreis von Personen (Destinatäre). Schließlich ist auch die Zuerkennung des Stiftungsgenusses verfahrensmäßig in der Satzung festzulegen. Die Destinatäre sind an der Verwaltung nicht beteiligt,

---

[16] § 7 IV.
[17] § 15 I.
[18] § 10 III.
[19] § 14 III.
[20] § 17 II.
[21] § 26 I 3.

infolgedessen keine Organe. Falls sie eine Versammlung bilden, ist sie keine Mitgliederversammlung, da die Begünstigten keine Mitglieder sind.

Die Gesamtregelung der Organisation vereinigt überkommene Pflegschafts- und Organschaftsvorstellungen. Hinzukommt der dem französischen Sprachgebrauch entnommene Kommissär[22]. Alles läuft auf eine Vielfalt von Kontrollmöglichkeiten hinaus, auf Grund deren der beträchtliche öffentlichrechtliche Einschlag offensichtlich ist. Zu kurz kommt dabei das Prinzip, daß es die Organe sind, die den Ablauf der Stiftungsgeschäfte nach dem eigenständigen Willen des Stifters sachgemäß lenken und leiten. In vielen Fällen ist die Wahrnehmung des Stiftungszweckes ein *Anliegen von Sachverständigen*, d.h. von Organen, die dem „Ressort" nahestehen. Die Aufgabe der Verwaltung bedarf daher einer Ausprägung nach der Seite sachverständiger Geschäftsführung. Unter Umständen kommt die Notwendigkeit in Betracht, daß Sachverständige hinzugezogen werden, besonders wenn es sich um die Beurteilung der Frage handelt, welche Destinatäre auszuwählen sind, wie im Falle von Stipendienstiftungen. Unentbehrlich sind Sachverständige, wenn es sich um die medizinische Behandlung von Begünstigten handelt, die nach dem Zwecke der Stiftung in Krankenhäusern unterzubringen sind. Der im Vorstehenden gebrauchte Ausdruck „Ressort" bezieht sich auf die einzelnen Gestaltungen der Gemeinnützigkeit im Rahmen der Stiftungsverwaltung, z.B. auf die kulturellen Stiftungszwecke. In diesem Falle erhält das Organ durch die Stiftung den Auftrag, das betreffende kulturelle Anliegen des Stifters in geeigneter Weise zu verwirklichen, notfalls durch entsprechende Einrichtungen und einschlägiges Personal. Der Stifter, ein Forscher oder Schriftsteller hat etwa eine wertvolle Bibliothek bestehend aus graphischen Beständen, Kartenwerk, Handbüchern, wissenschaftlichen Studien aller Art dem fachlich interessierten Publikum gewidmet. Der Zweck ist nicht schlechthin auf die übliche Benutzung gerichtet, sondern darüber hinaus auf die Weiterbildung des Nachwuchses auf den in Betracht kommenden Gebieten. Nach dem Willen des Stifters soll sie dadurch erfolgen, daß durch entsprechende Lehrkräfte im Rahmen der Sammlungen, die mit den Mitteln der Stiftung laufend zu ergänzen sind, Seminare zur Weiterbildung abgehalten werden.

Aus der allgemeinen Geschichte des Stiftungswesens geht hervor, daß die Kulturstiftung im Laufe des 19. Jahrhunderts von der Wohltätigkeitsstiftung abgelöst wurde. In der Gegenwart wenden sich die Stiftungen wieder mehr wissenschaftlichen und künstlerischen Aufgaben zu[23,24], besonders

---

[22] Nach § 16 I hat die Behörde für die Stiftungen einen Stiftungskommissär zu bestellen, wenn 1. die bestellten Verwaltungs- und Vertretungsorgane der Stiftung in der zur Beschlußfassung notwendigen Anzahl ihre Tätigkeit nicht mehr ausüben können, 2. die dauernde Erhaltung des Stammvermögens der Stiftung oder die Erfüllung des Stiftungszweckes durch pflichtwidriges Verhalten eines oder mehrerer Stiftungsorgane gefährdet ist.

naturwissenschaftlichen und medizinischen Vorhaben. So ist das „Deutsche Herzzentrum Berlin" als Stiftung des bürgerlichen Rechts organisiert.

II. Die Stiftungsverfassung nach dem BGB

a) Die Theorie der Stiftungsverfassung

Bevor auf die Stiftungsverfassung eingegangen wird, sind die verschiedenen Lehrmeinungen, die in Ansehung der Stiftung selbst entwickelt wurden, andeutungsweise gegenüberzustellen. Am Anfang steht der Versuch, das zweckgebundene *Sondervermögen* mit „*Rechtspersönlichkeit*" auszustatten, um die Einordnung in die Kategorie der juristischen Person zu ermöglichen. Die Konstruktion einer Verbandsperson hat sich damit auseinanderzusetzen, daß in Ermangelung von Mitgliedern kein Personenverband existiert. Ein etwaiger Zusammenschluß der Destinatäre reicht zur Annahme einer Rechtsträgerschaft nicht aus. Schließlich wird die Theorie der Zweckpersonifizierung in der oft geschilderten Weise auf die Stiftung zur Anwendung gebracht. Hierin liegt insofern ein richtiger Kern, als der Schwerpunkt der genannten Einrichtung in der vom Stifter festgelegten Zweckbindung des Vermögens liegt. Der Nachdruck liegt hierbei auf dem vom Stifter in dem Stiftungsgeschäft niedergelegten Zweck und die hierin wurzelnde Organisation. Neuerdings hat Larenz[1] in die Argumentation *die Verfassung der Stiftung* als objektivierten Willen des Stifters hineingebracht, indem er dargelegt hat, daß jener Wille durch die Aktivität der ausführenden Organe immer wieder aufs neue vollzogen wird. Hierdurch ist die Linie, die vom Stifter zur Stiftung läuft, erkennbar. Die Theorie steht unter dem Blickpunkt einer Einheit von *Werk* und *Wirken*. Vorausgesetzt wird eine Daueraufgabe, die der Stifter gesetzt und zu deren Erfüllung er Mittel bereitgestellt hat, die das Stiftungsvermögen darstellen. Die verfassungsrechtlich orientierte Theorie hat den Vorzug, daß sie das *Stifterwerk* und das *Stiftungswirken* unter dem Gesichtspunkt von Zweck und Vermögen vereinigt.

Neuere Untersuchungen haben gezeigt, daß die Anknüpfung an den allgemeinen Sprachgebrauch nicht zu klaren Ergebnissen führt, weil der Begriff

---

[23] Zur geschichtlichen Gesamtentwicklung siehe H. Liermann, Handbuch des Stiftungsrechts, I, S. 255 ff.; Kampen, Rechtsvergleichendes Stiftungsrecht, 1980, S. 11 ff.

[24] Zum Begriff des Fonds siehe § 22 BSFG. Die Bestimmung stellt darauf ab, daß das Vermögen des Fonds nicht auf die Dauer gewidmet ist. Nach anderer Ansicht kann bei einem Fonds das Vermögen zur Erfüllung des Fondszweckes herangezogen werden, wohingegen bei der Stiftung nur die Erträgnisse verwendet werden dürfen. So O. Stammer, a.a.O., S. 111.

[1] Allgemeiner Teil des deutschen Bürgerlichen Rechts, 5. Aufl., München 1980, S. 164. Neueste Literaturzusammenstellung bei Reuter, Münchener Kommentar, Allgemeiner Teil, Vor § 80; Staudinger / Coing, Komm. zum BGB, 12. Aufl. 1979, Vorb. zu §§ 80 - 88; Soergel / Neuhoff, Schrifttum Vor § 80, in: Kommentar zum Bürgerlichen Gesetzbuch, 11. Aufl. Band 1 1978; neuestens: H. Hübner, Allgemeiner Teil des Bürgerlichen Gesetzbuches, 1984, S. 143.

"Stiftung" mehrdeutig ist. Aus solchen Erwägungen werden die Grundelemente der Stiftung in Hinblick auf die lückenhafte Regelung im BGB aus einer Integration anderer Rechtsgebiete, die für stiftungshafte Tatbestände in Betracht kommen, abgeleitet[2]. Ausgangspunkt bleibt dabei die rechtsfähige BGB-Stiftung, die als Prototyp der Stiftung betrachtet wird, besonders was die Stiftungsabsicht angeht[3]. Es wird allerdings hinzugefügt, daß das BGB von einer „Allzweckstiftung" ausgeht, weil die Variationsbreite der in Betracht kommenden Zweckarten unerschöpflich ist. Dennoch ergibt sich aus dem BGB, daß der *Stiftungszweck* vom *verfassungsrechtlichen Standpunkt* gesehen, ein konstitutives Begriffsmerkmal ist, neben das selbstverständlich das Stiftungsvermögen tritt. Aus dem Gesichtspunkt der Beständigkeit der Zwecksetzung folgt ohne weiteres, daß die Stiftung auf die Dauer angelegt ist. Der Versuch, die Stiftung zu definieren, geht schließlich in eine Analyse ihrer juristischen Elemente über. Erkennbar ist das Bestreben, die Institution aus der streng dogmatischen Aufgliederung ihrer Tatbestandsmerkmale herauszulösen und zur Wesenheit und dem „Umkreis" vorzudringen. Es scheint, als ob hierbei eine unternehmerische Denkweise in verschiedenen Anwendungsformen eine Rolle spielt, z.B. das „Betreiben" einer Anstalt oder das „Ordnen" von Vermögensgegenständen[4].

Die Vielgestaltigkeit der Anwendungsformen der Stiftung und die im Flusse der Entwicklung befindliche Typologie ändern nichts an der Notwendigkeit, eine allgemeine Definition voranzustellen, wie es unlängst für die rechtsfähige Stiftung geschehen ist. Hiernach ist die Stiftung eine auf „Ausstattung mit einem Vermögen angelegte, nicht in einem Personenverband bestehende, als selbständiger Rechtsträger anerkannte Einrichtung zur Erreichung eines dauernden Zweckes, der durch den im Errichtungsgeschäft niedergelegten Willen des Errichters bestimmt wird". (H. Hübner, Rdn. 163). Hinzugefügt wird, daß die Stiftung nach der Anschauung des BGB ein durch Organe handelndes Rechtssubjekt ist.

b) Die Körperschafts- und Stiftungsverfassung in den Materialien

Die organisierte Vereinigung von Personen auf der Grundlage einer körperschaftlichen Verfassung war das Vorbild für die rechtliche Organisierung einer *Anstalt*. Die öffentlichrechtliche Anstalt ermöglichte, Verwaltungseinheiten zu verselbständigen. Aufgebaut wurden sie trotz der begrifflichen Verschiedenheit nach dem Modell der körperschaftlichen Verfassung

---

[2] Soergel / Neuhoff, a.a.O., Rdn. 7, wo darauf hingewiesen ist, daß alle Stiftungsrechtskreise ihren gemeinsamen Ursprung im Kirchenrecht haben. Die historischen „Gemeinsamkeiten" geben Anlaß zu Analogieschlüssen rechtspolitischer Art.
[3] Soergel / Neuhoff, a.a.O., Rdn. 8, unter Hinweis auf Strickrodt (Lose-Blattsammlung), Stand 1972 – in Buchform 1977, I 1b, 3.
[4] Soergel / Neuhoff, a.a.O., Rdn. 2.

(siehe hierzu das Kapitel „Die Verfassung der Körperschaft"). Bei der Analogie blieb unberücksichtigt, daß sich die Systematik der juristischen Personen des öffentlichen Rechts auf öffentliche Körperschaften einerseits sowie Anstalten und Stiftungen des öffentlichen Rechts andererseits ausdrücklich beschränkte[5]. Dessenungeachtet korrespondierte diese Einteilung mit der privatrechtlichen Gliederung in Vereine und Stiftungen. Die Annäherung würdigt nicht hinreichend, daß die Stiftung des öffentlichen Rechts vom Staat auf Grund eines Gesetzes oder Verwaltungsaktes gegründet wird, wohingegen die privatrechtliche Stiftung auf einem bürgerlichrechtlichen Stiftungsgeschäft beruht[6]. In einem übertragenen Sinne ist die privatrechtliche Stiftung zwar anstaltsähnlich, aber sie ist *keine Anstalt des Privatrechts,* weil die öffentliche Anstalt dogmatisch kein Gegenstück im Privatrecht hat.

Was die Verfasssung der Stiftung angeht, so wird sie nach dem Gesetz grundsätzlich durch das Stiftungsgeschäft bestimmt. Hierfür kommt auch die Satzung in Betracht, die allerdings im Stiftungsrecht gesetzlich nicht erwähnt wird. Die Entstehungsgeschichte zeigt, daß die privatrechtliche Stiftung von Grundgedanken, die die körperschaftliche Verfassung beherrschen, in mancher Hinsicht beeinflußt war. Die Motive zum BGB gingen davon aus, daß eine korporative *Verfassung der Körperschaft* und damit dem Verein unentbehrlich sei. Aus Gründen des öffentlichen Rechts muß nach dieser Anschauung den *Landesgesetzen* die Möglichkeit offen stehen, auf die Aufstellung von Verfassungsbestimmungen Einfluß zu nehmen[7]. Wenn die korporative Konstitution nicht in allen Punkten gesetzlich geregelt wird, empfängt sie ihren sonstigen Inhalt durch die Willensbildung innerhalb der Mitgliederversammlung. Unterschieden wird hierbei zwischen dem Abschluß des Gründungsvertrages und der späteren Beschlußfassung, die sich auf der Basis der Satzungen vollzieht. Der Grundgedanke ist, daß die Körperschaften ihren Rechtskreis durch die von ihnen aufgestellten Satzungen zu ordnen vermögen. Beschränkungen werden vom Zweck der Körperschaft gesetzt. Die Verfassung legt die Bestellung des Vorstandes und sein rechtliches Verhältnis zur Körperschaft fest, behandelt überdies die Vertretung durch den Vorstand[8].

Was die Stiftung betrifft, so unterscheiden die Motive das Stiftungsgeschäft und die *Verfassung der Stiftung,* ohne diese im einzelnen zu erläutern[9]. Die Einteilung der Stiftungen in privatrechtliche und öffentlichrecht-

---

[5] Zur Systematik siehe Enneccerus / Nipperdey, Allgemeiner Teil des Bürgerlichen Rechts, Erster Halbband, 1959, S. 730 ff.
[6] Palandt / Heinrichs, Bürgerliches Gesetzbuch, 44. Aufl., Vorbemerkung vor § 80, § 85, Anm. 1; Vorbemerkung vor § 89.
[7] Mugdan, a.a.O., S. 403 ff.
[8] Mugdan, a.a.O., S. 404 ff.
[9] Mugdan, a.a.O., S. 490 ff.

liche wurde, wie die Protokolle ausführen[10], eingehend diskutiert. Insbesondere wurde die Ansicht vertreten, daß der Zweck der Stiftung kein hinreichender Gliederungsgesichtspunkt sei. Die Sonderung lasse sich auch nicht darauf gründen, ob die Stiftung von Organen verwaltet werde, die der Staat eingesetzt oder der Stifter bestimmt habe. Diese beurteile sich vielmehr nach der *Verfassung der Stiftung,* die für alle Arten einzurichten sei[11]. Für die Bestellung des Vorstandes könne der Stifter nach Maßgabe der Verfassung Vorsorge treffen. Es könne für die Vorstandschaft aber auch durch staatliche Anordnung gesorgt sein[12]. Bei alledem wird vorausgesetzt, daß sich der Wille des Stifters, eine selbständige Stiftung zu gründen, zweifelsfrei aus dem Stiftungsgeschäft ergibt.

Die Grundauffassung war zur Zeit der Entwürfe, daß die Stiftungen Rechtseinrichtungen sind, die in ihren *wesentlichen Merkmalen* dem Bereich des *öffentlichen* Rechts angehören. Das Stiftungsgeschäft bestimmt sich allerdings grundsätzlich nach den Vorschriften des bürgerlichen Rechts. Bemerkenswert ist, daß nach der Anschauungsweise der Protokolle die Freiheit des Stifterwillens die üblichen Grenzen der Privatautonomie überschreitet. Hierauf wird das Erfordernis der *staatlichen Genehmigung* zurückgeführt, das später Eingang in das BGB fand. Angedeutet werden bereits Stiftungen, die dem Staat oder der Kirche in der Weise eingefügt werden, daß sie sich als öffentlichrechtliche Einrichtungen darstellen. Im Laufe der Diskussion wurden Anträge gestellt, die erkennen lassen, daß der Begriff „*Stiftungsverfassung*" durchaus gängig war. So lautet ein Antrag[13]: „Wer auf Grund der Stiftungsverfassung zur Verwaltung berechtigt ist, kann im Wege gerichtlicher Klage verlangen, daß ihm die verfassungsgemäße Verwaltung eingeräumt werde.

Wer auf Grund der Stiftungsverfassung zum Genusse der Stiftung berechtigt ist, kann im Wege gerichtlicher Klage verlangen, daß ihm der verfassungsgemäße Genuß gewährt werde.

Wer ein rechtliches Interesse hat, daß der Stiftungsverwalter oder daß der Genußberechtigte bezeichnet werde, kann im Wege gerichtlicher Klage verlangen, daß die Bezeichnung verfassungsgemäß erfolge...".

Ein weiterer Antrag lautet: „Sind durch das Stiftungsgeschäft bestimmten Personen Rechte in Ansehung der Verwaltung der Stiftung oder Rechte auf Leistung eingeräumt, so können dieselben durch den Vorstand nicht entzogen werden, sofern nicht aus der Verfassung ein Anderes sich ergibt ...".

---

[10] Mugdan, a.a.O., S. 657 ff., S. 660.
[11] Mugdan, a.a.O., S. 658.
[12] Mugdan, a.a.O., S. 660.
[13] Mugdan, a.a.O., S. 664. (Es handelte sich hierbei um die Erörterung der juristischen Person gemäß den Protokollen der 2. Kommission.)

Die Ablehnung der Anträge wurde u.a. damit begründet, daß es keiner besonderen gesetzlichen Anerkennung bedürfe, daß Rechte Dritter hinsichtlich der Verwaltung und des Genusses begründet werden können. Außerdem wurde in der Ablehnung in Abrede genommen, daß der Stifter ohne weiteres befugt sei, durch das Stiftungsgeschäft anderen Personen Verwaltungsrechte einzuräumen, daß „vielmehr die Verfassung der Stiftung und folgeweise das Landesgesetz darüber entscheide", ob dem Stifter eine derartige Befugnis zustehe[14]. Allgemein kommt in den Protokollen zum Ausdruck, daß sich die Verfassung einer Stiftung in erster Linie nach dem Reichsrecht oder den Landesgesetzen richtet. Übrigens ist in den Protokollen, abgesehen von der Verfassung, auch von den Statuten im Sinne der *Satzung* der Stiftung die Rede[15], so z.B. in Ansehung der Beschränkung der Vertretungsmacht des Vorstandes.

Der Gesamteindruck ist, daß die Begriffe Stiftungsgeschäft, Stiftungsverfassung und Stiftungsstatuten ineinander übergehen. Das BGB hat später nur das Stiftungsgeschäft und die Verfassung als Grundelemente der Stiftungserrichtung statuiert. Nicht ausdrücklich erwähnt ist im BGB die Stiftungssatzung. Das Schrifttum geht ohne weiteres davon aus, daß eine solche entsprechend der vereinsrechtlichen Regelung[16] vorhanden sein kann. Nach heutiger Lehrmeinung ist das Kernstück der Verfassung „die im Stiftungsgeschäft enthaltene Stiftungssatzung". Vorausgesetzt wird, daß diese durch gesetzliche zwingende „Vorgaben" und durch dispositive Normen ergänzt wird[17].

c) Das Fundament der Stiftungsverfassung

1. *Stiftungsgeschäft, Verfassung und Satzung*

Die Kommentierung des geltenden Stiftungsrechts erörtert zuerst die Rechtsquellen der *Stiftungsverfassung* sodann die Verfassungsorgane schließlich den Einfluß des Landesstiftungsrechts. In dem Aufbau zeigt sich die Tragweite des Verfassungsgedankens. Der Gesetzgeber definiert jedoch die Konstitution nicht, sondern verweist auf das Stiftungsgeschäft[18], allerdings unter Vorbehalt der Geltung der Reichs-(Bundes) oder Landesgesetze. Die Bezugnahme auf das Stiftungsgeschäft erfolgt ohne Zusatz, d.h. sie läßt

---

[14] Mugdan, a.a.O., S. 665.
[15] Mugdan, a.a.O., S. 667.
[16] So z.B. Reuter / Münch. Komm. § 85, Rdn. 1ff., wo die unerläßlichen Bestandteile der Satzung aufgezählt sind. Ob sich die Satzung über die unbedingt notwendigen Angaben hinaus erklären muß, ist – so Reuter – vom Landesstiftungsrecht abhängig.
[17] Reuter / Münch. Komm. § 85, Rdn. 1.
[18] Zum Begriff der Stiftungsverfassung u. ihren Rechtsgrundlagen: Reuter / Münch. Komm. § 85ff.

von vornherein die Besonderheiten der Verfassungsqualität der Institution der Stiftung außer acht. Daher wird nicht ersichtlich, welche Merkmale des Stiftungsgeschäftes im Sinne der Verweisung *verfassungsgeeignet* sind. Um dies zu klären, sind Definitionen der entsprechenden Verfassung aufgestellt worden, die sich an die Erläuterung des § 25 BGB halten. Aber auch diese Vorschrift spricht nur aus, daß sich die Verfassung eines rechtsfähigen Vereins nach der Vereinssatzung richtet. Hier wie dort sind „Grundentscheidungen" bestimmter Art gemeint. Einerseits betreffen sie das Vereinsleben im ganzen gesehen andererseits die Grundstruktur der Stiftungsorganisation[19]. Im Vereinsrecht erfüllt die Verfassung eine integrative Aufgabe, indem sie die Mitglieder unter eine „Leitidee" stellt, die durch einzelne Normen verwirklicht wird. Die Verfassung übt nach dieser Vorstellungsweise einen gewissen Druck auf das Verhalten der Mitglieder innerhalb des Vereins aus. Ob diese Argumentation für das Vereinsrecht zutrifft, kann von der Betrachtungsweise des Stiftungsrechts aus dahin stehen. Diese Materie ist jedenfalls von vornherein dadurch anders konstruiert, daß die Anknüpfung an den personellen Bestand gegenstandslos ist.

Die Folge ist, daß von einer Unterwerfung der „Individualinteressen der Mitglieder" unter die Grundidee nicht gesprochen werden kann. Deshalb liegt die Frage nahe, ob im Bereich des Stiftungsrechts aus den vermögensrechtlichen und organisatorischen Entscheidungen grundsätzlicher Art die Institution der Verfassung im Wege der Rechtsanalogie abgeleitet werden kann. Nach der Systematik des Gesetzes ist für die *Verfassung in erster Linie* der Inhalt des Stiftungsgeschäfts maßgebend, das allerdings gesetzlich nicht analysiert ist. Als Kernstück des Stiftungsgeschäfts wird die Satzung angesehen, die jedoch im Gesetz nicht erwähnt ist. Infolgedessen läßt sich *nicht ohne weiteres* der Satzungsinhalt, der für die Verfassung in Betracht kommen könnte, den in Rede stehenden Normen entnehmen. Wenn dennoch der Satzungsbegriff im Schrifttum und in der Rechtsprechung erwähnt wird, so beruht diese Methode vermutlich auf einem Analogieschluß zum Vereinsrecht. Eine derartige Deduktion ist wegen der Grundverschiedenheit der beteiligten Rechtsmaterien ohne nähere Erklärung nicht geboten. Das Stiftungsgeschäft ohne weiteres um den Satzungsinhalt zu erweitern, befriedigt deshalb nicht, weil zwischen einem zwingenden und gewillkürten Teil zu unterscheiden ist. Die Schwergewichte sind insofern verschieden verteilt, als sie im *Vereinsrecht* von vornherein auf der *Satzung,* im Stiftungsrecht hingegen auf dem *Stiftungsgeschäft* und der Verfassung beruhen.

Es ist daran zu erinnern, daß der Begriff der Satzung in seiner ursprünglichen Anwendung auf den Verein mehrdeutig ist, weil er einerseits die „Setzung" im Sinne von Rechtsschöpfung und andererseits das Ergebnis dersel-

---

[19] Reuter / Münch. Komm. § 25, Rdn. 1 ff.; § 85, Rdn. 1 ff.; BGH 47, 172/177 (NJW 1967, 1268).

ben meint. Die Satzung in diesem weiteren Sinne, der über die Vorstellung einer Rechtsschöpfung hinausgeht, ist zwar begrifflich als die Verfassung des Vereins angesprochen, aber inhaltlich als „Inbegriff der Regelung, die die Organisation und das innere Leben des Vereins" bestimmt, verstanden worden[20]. Die vorstehende Art der Satzung bezieht sich besonders auf den Zweck, den Namen und Sitz sowie allgemein gesprochen auf die Organisation des Vereins einschließlich seiner zweckmäßigen Betätigung[21]. Einbezogen wird ferner die Mitgliedschaft. Als das hauptsächliche Anliegen der Satzung wird die Errichtung der Organisation betrachtet. Hervorgehoben wird, daß abgesehen von dem formellen Organisationsteil auch materielle Bestimmungen in die Satzungen eingefügt werden. Gemeint ist z.B. die Gruppenethik der Vereine. Die sich anschließende rechtsdogmatische Untersuchung der Satzung läßt erkennen, daß sie ein Grundbegriff ist, der von der Vorstellung einer Verfassung überhaupt nicht verdrängt werden kann[22]. Unter dem Eindruck der Erkenntnis, daß die Vereinsverfassung als Satzung im weiteren Sinne des Wortes aufgefaßt wird, ist zu überprüfen, ob de lege ferenda ein ähnliches Verhältnis zwischen dem Stiftungsgeschäft und der Stiftungssatzung herzustellen ist. Derartige Überlegungen setzen allerdings voraus, daß die Satzung in der Weise konstruiert wird, daß sie auch übergeordnete Gesichtspunkte in sich aufnimmt. Denn es besteht ein Bedürfnis, eine solche höhere Ordnung zu schaffen, die gleichsam ein richtungweisendes „Organisations- und Ordnungsinstrument" darstellt. Vom Standpunkt des geltenden Rechts ist es denkbar, daß die Stiftungsverfassung Normen enthält, die in der Satzung fehlen. So erklärt sich die Meinung, daß der *Begriff der Verfassung,* wie im Vereinsrecht so auch im Stiftungsrecht, als *übergeordnet* gesehen wird[23].

Der Begriff der Verfassung wird in der Stiftungspraxis häufig der Satzung gleichgesetzt. Aber die Satzung ist keine Institution an sich, sondern, sofern sie überhaupt vorhanden ist, ein Teil des Stiftungsgeschäfts, dessen Bestimmungen zu den Rechtsgrundlagen und dem Inhalt der Verfassung gehören. Neuhoff bemerkt in diesem Zusammenhang, daß der „Satzungsgestaltung durch den Stifter ein weiter Raum im Rahmen des gewillkürten Inhalts der Verfassung gelassen" ist. Die Rechtstheorie der Stiftungsverfassung geht im Grunde genommen auf die Erläuterung des Begriffes der juristischen Person zurück. Die Erörterung der Problematik erreichte an der Wende vom 19. zum 20. Jahrhundert bereits ihren Höhepunkt, als das rechtliche Wesen der Stiftungen auf der Grundlage des gerade entstandenen BGB zum ersten Male gründlich untersucht wurde. In den Vordergrund stellte

---

[20] U. Meyer / Cording, Die Vereinsstrafe, 1957, S. 31 ff.
[21] U. Meyer / Cording, a.a.O., S. 31 (siehe oben zur Vereinsverfassung).
[22] U. Meyer / Cording, a.a.O., S. 32 ff.
[23] Soergel / Neuhoff, § 85, Rdn. 1.

man damals das Phänomen der „Einrichtung"[24]. Ihr bedeutsamstes Merkmal war die *„Verfassung"* als *wesentlichstes* Attribut der sogenannten *„Einrichtungen"*. Voraussetzung des theoretischen Ausgangspunktes war, daß die Vorstellung einer Verfassung auf das Gebiet des Privatrechts in einer grundsätzlichen Weise herübergezogen und zwischen ihr und den privatrechtlichen Rechtsverhältnissen insofern eine Beziehung hergestellt wurde, als mit der Verfassung eine Einrichtung erstrebt wurde. In solcher Sinndeutung erscheint die Verfassung auf privatrechtlicher Ebene als die „in ganz bestimmter Weise geregelte privatrechtliche Tätigkeit zur Erreichung ganz besonderer (außergewöhnlicher) privatrechtlicher Zwecke"[25]. Auf dieser Basis wird das Wesen der Stiftung *unter Einbeziehung des Verfassungsbegriffes* erläutert. Sie ist eine soziale Einrichtung, die durch eine Willenserklärung geschaffen wird und „geeigenschaftet und bestimmt" ist, sich am Rechtsverkehr als Subjekt zu beteiligen. Diese Eigenschaft wird zugleich aus der Natur des Zweckes und der durch ihn gestalteten Verfassung gewonnen. Erforderlich ist aber die Sanktion durch die staatliche Genehmigung. Die Beweisführung stützt sich ausdrücklich auf die §§ 25, 58, 85 BGB[26]. Die angedeutete Lehre wird auf die Organe ausgedehnt, allerdings in erster Linie auf die Organe des Vereins. So sehr die wiedergegebene Theorie den *Verfassungsgedanken,* den sie dem öffentlichen Recht entlehnt hat, *übersteigert,* so ist sie doch insoweit anzuerkennen, als sie sich von vornherein gegen die Personifizierung des Stiftungsvermögens wendet.

Im neueren Schrifttum greifen die Stiftungsverfassung und die Satzung inhaltlich ineinander über. Erkennbar ist aber das Bestreben, die *Stiftungsverfassung überzuordnen.* Nach dieser Konzeption bestimmt sie die „Existenz und die Tätigkeit einer Stiftung". Ihre Gegenstände beziehen sich abgesehen von der Rechtsnatur auf den Namen, Sitz und Zweck sowie die Stiftungsmittel. Die organisatorischen Vorschriften erstrecken sich auf die Organe und die Genußberechtigten. Außerdem bezieht sich die Stiftungsverfassung auf die Veränderung und die Auflösung der Stiftung. Der Gesamtzusammenhang ergibt, daß auch das Vermögen Gegenstand der Regelung ist. Die Verfassung zieht objektives Recht und besondere Regelungen rechtsgeschäftlicher Art zusammen. Eine solche Charakterisierung nimmt auf die Anordnungen des Stifters Bezug. Diese können sich sowohl im Stiftungsgeschäft als in der Satzung befinden. An dieser Stelle ist auf die Gefahr der Überschneidung hinzuweisen, denn auch die Satzung muß Bestimmungen aufweisen, die sich auf die angegebenen Merkmale beziehen. Aufgabe der Satzung ist insbesondere, die Bestellung des Vorstandes zu

---

[24] Siehe namentlich Fr. H. Behrend, Die Stiftungen nach deutschem bürgerlichem Recht, Marburg 1904, S. 379 ff.
[25] Fr. H. Behrend, a.a.O., S. 382, unter Auseinandersetzung mit Herrnritt, Österreichisches Stiftungsrecht, S. 15.
[26] Fr. H. Behrend, a.a.O., S. 398.

regeln[27]. Im gewillkürten Rahmen der Satzung kann die Rechtsstellung der Stiftungsorgane und der Genußberechtigten festgelegt werden. Da die Satzung den inneren Zusammenhang zu berücksichtigen hat, der zwischen dem im Stiftungsgeschäft festgesetzten Zweck und dem Stiftungsvermögen besteht, hängen die Stiftungsurkunde und die Satzung innerlich untrennbar zusammen. Der Konnex wirkt auf den Verfassungsinhalt zurück. Hierfür sind nämlich außer dem *zwingenden* Bundes- und Landesrecht und der höchstricherlichen Rechtsprechung die Bestimmungen des Stiftungsgeschäfts sowie das *nachgiebige* objektive Recht maßgebend, wie auch der notwendige vom gewillkürten Inhalt der Verfassung zu unterscheiden ist.

2. Gründung und Genehmigung

Durch die Einführung des Phänomens der Verfassung ist die Lehre der Quellen des Stiftungsrechts unübersichtlich geworden, weil sich das Stiftungsgeschäft, die Verfassung und Satzung nach dem Aufbau des Gesetzbuches überschneiden. Zum einen erklärt sich nämlich die Verfassung durch das Stiftungsgeschäft, zum anderen ist die Satzung in das Stiftungsgeschäft integriert. Überdies wird die Verfassung als Satzung im weiteren Sinne verstanden. Es bedarf daher einer sachgemäßen Abstufung der in der Rechtsquellenlehre auftretenden Erscheinungen. Auszugehen ist davon, daß die Verfassung eine *höchstrangige Grundordnung* ist, die die übrigen Rechtsgebilde überlagert, weil sie die Existenz und die Tätigkeit der Stiftungen auf der Basis von Grundentscheidungen bestimmt. Diese liegen sowohl auf organisatorischem als auch auf vermögensrechtlichem Gebiet und erstrekken sich auf den gesamten Ablauf des Stiftungsdaseins. Demgegenüber richtet sich das Stiftungsgeschäft in erster Linie auf die Errichtung der Stiftung. Hieran knüpft der Satzungsinhalt an. Von der Normativität her gesehen sind die Gründungsregelungen[28] durch eine Reihe von Bestimmungen positiviert. Demgegenüber kommt die Verfassung durch eine Integrierung von Grundentscheidungen zustande, die die Struktur und Zielsetzung ohne eine Normierung im obigen Sinne festlegen. Der Verfassungsgedanke greift insofern über, als er seinen ursprünglichen Ansatz in der Rechtsfigur der juristischen Person hat und von diesem Fundament über den Verein zur Stiftung gelangt. Die Dogmatik und Rechtssystematik sind auf die Subjektivierung gerichtet, d.h. auf das Subjekt der Stiftung. Unter solchen Blickpunkten werden in der Vorstufe die öffentliche Körperschaft und die

---

[27] Zur Gliederung der Stiftungsverfassung siehe H. J. Ebersbach, Handbuch des deutschen Stiftungsrechts, 1972, S. 78, der für die Verfassung, abgesehen vom zwingenden Recht, die Anordnung des Stifters im Geschäft und in der Satzung nach § 85 BGB für maßgebend erachtet. Die Stiftungsverfassung erscheint dem Stiftungsgeschäft und der Satzung gegenüber als eine zusammenfassende Ordnung.
[28] §§ 80 ff. BGB.

Anstalt zuerst sichtbar. Hieran knüpft sich die Vorstellung einer „Einrichtung", die von dem Gesamtphänomen der juristischen Person schließlich auf die Stiftung übergreift. Die Art und Weise der Fundamentierung der Gedankenreihe ist im Ursprung öffentlichrechtlich gewesen. Letztlich hängt hiermit das Erfordernis der staatlichen Genehmigung der Stiftungsgründung zusammen. Die Konzession, die auf dem nach ihr benannten *Konzessionssystem* fußt, ist ein konstitutiver Verwaltungsakt. Der Gründungsakt im ganzen gesehen ist zwar rechtsgeschäftlich fundamentiert, gelangt aber erst endgültig dadurch zum Abschluß, daß auf der Ebene des Verwaltungsrechts die Genehmigung erteilt wird. Diese bezieht sich auf die Stiftung selbst, nicht auf das Stiftungsgeschäft, dessen etwaige Mängel durch die Zustimmung nicht geheilt werden können. Die Genehmigung hat den Übergang des Stiftungsvermögens zur Folge[29].

Im Rahmen dieser gesetzlichen Regelung erlangt die Unterscheidung zwischen der Stiftung unter Lebenden und von Todes wegen Bedeutung[30]. Wenn die Stiftung erst nach dem Tode des Stifters genehmigt wird, so gilt sie gemäß § 84 BGB schon vor dessen Tode entstanden, soweit es sich um die Zuwendungen des Stifters handelt. Auf Grund dieser Rückwirkung der Genehmigung wird dem Stifter die Einsetzung der Stiftung als Erben ermöglicht. Die Fiktion gilt nicht nur für die Stiftung von Todes wegen, sondern auch für Stiftungen unter Lebenden, immer unter der Voraussetzung, daß der Stifter vor der Genehmigung stirbt. Das Stiftungsgeschäft bedarf in formeller Hinsicht nicht der gerichtlichen oder notariellen Beurkundung, sondern nur der schriftlichen Form[31]. Die Stiftung von Todes wegen kann einseitig in einem Testament errichtet, aber auch in einem Erbvertrag niedergelegt werden. In den letzten Fällen hat der Erbe oder Testamentsvollstrecker die Genehmigung der Stiftung zu beantragen[32]. Im Schwebezustand ist der Stifter zum Widerruf der Stiftungserklärung berechtigt[33]. Hat er den Antrag bereits gestellt, so kann der Widerruf nur gegenüber der zuständigen Behörde erklärt werden[34]. Das Recht zum Widerruf geht auf den Erben über, wenn der Stifter vor der Genehmigung stirbt, geht aber unter, wenn der Stifter die Genehmigung bereits beantragt hatte[35].

Die in Rede stehende Genehmigung kann nur auf Grund der Prüfung der gesetzlichen Voraussetzungen der Stiftungserrichtung erteilt werden. Demgemäß ist die Stiftungsaufsicht ihrem Wesen nach eine Rechtsaufsicht, mögen auch Zweckmäßigkeitsgesichtspunkte in diesem Verfahren von

---

[29] § 82 BGB, der allerdings nur die entsprechende Verpflichtung regelt.
[30] §§ 81 ff. BGB. Zum Streit um die Städelsche Stiftung siehe Liermann, S. 243.
[31] § 81, I, BGB, der sich auf die Stiftung unter Lebenden bezieht.
[32] § 83 BGB.
[33] § 81, II, BGB.
[34] § 81, II, BGB.
[35] Reuter / Münch. Komm. § 81, Rdn. 4.

Belang sein. Dies liegt nämlich nahe, weil der Schwerpunkt auf der Beurteilung des Stifungszweckes liegt, wobei gegebenenfalls Gemeinnützigkeitsbestimmungen auf Grund des Charakters des Zweckes zu berücksichtigen sind. In den Zusammenhang ist aus naheliegenden Gründen das Verhältnis von Zweck und Vermögensausstattung eingeschlossen. Es geht um den vermögensrechtlichen Bestandteil des Stiftungsgeschäftes und damit, vom rechtsdogmatischen Standpunkte aus gesehen, um die Rechtsnatur des Zuwendungsversprechens, das in erster Linie den Interessen des Stifters entspricht. Darüber hinaus ist das zugewendete Vermögen Bestandteil einer Organisation, über deren rechtliche Verselbständigung im Genehmigungsverfahren befunden werden soll. Von solchem Gesichtspunkt ist das Zuwendungsversprechen *nicht* als eine *Schenkung* im Sinne des BGB aufzufasssen, vielmehr als ein gesetzliches Mittel zur Verwirklichung des Stiftungszweckes und der Erhaltung der Institution der Stiftung selbst[36]. Von diesem Blickpunkt gesehen erstreckt sich die Prüfung auch darauf, ob die Verwirklichung, von der soeben die Rede war, aus dem Stiftungsvermögen oder seinem Ertrag gesichert erscheint. Die Landesstiftungsgesetze legen zum Teil hierauf besonderes Gewicht[37]. Unter allen Umständen ist die Zustimmung zu verweigern, wenn der Zweck ungesetzlich ist, d.h. wenn die Errichtung der Stiftung einen offensichtlichen Mißbrauch bedeutet[38]. Im übrigen neigt das Schrifttum heute zu dem System der Normativbedingungen, um die Notwendigkeit der Konzessionierung, die aus dem Vereinsrecht stammt, zu beseitigen. Hiermit verbindet sich der Vorschlag, ein *Stiftungsregister* einzurichten und die Legitimitätsprüfung dem Verfahren der freiwilligen Gerichtsbarkeit vorzubehalten[39].

3. Organschaft

Die Rechtsstellung der *Verfassungsorgane* „der Stiftung wird durch eine Verweisung auf vereinsrechtliche Normen geregelt[40]. Hieraus ist herzuleiten, daß der Vorstand ein notwendiges Stiftungsorgan ist und aus mehreren Personen bestehen kann. In dem letzten Fall wird die Stiftung dem Grundsatz der Mehrheitsvertretung unterworfen. Analog anwendbar sind die Bestimmungen über die Bestellung eines Notvorstandes und über die Organhaftung[41]. Infolge der Verweisung auf das Vereinsrecht ist der

---

[36] Reuter / Münch. Komm. § 80, Rdn. 6.
[37] Reuter / Münch. Komm. § 80, Rdn. 5, wo die Landesgesetze zusammengestellt sind.
[38] Kampen, Rechtsvergleichendes Stiftungsrecht, S. 23; Mestmäcker, in: Verhandlungen des Deutschen Juristentages, Bd. 44, Sitzungsberichte, G 1ff. 1964, S. G 16.
[39] Soergel / Neuhoff, Vor § 80, Rdn. 100, Ziffer 4 - 6.
[40] Vgl. § 86 BGB, der hinsichtlich der Vorschriften der §§ 27, 28, 29 Einschränkungen enthält.
[41] §§ 29, 30, 31 BGB.

Umfang der Vertretungsmacht des Vorstandes durch die Satzung mit Wirkung gegen Dritte beschränkbar. Die satzungsmäßige Angabe der Zwecke der Stiftung wirkt jedoch nicht ohne weiteres als absolute Beschränkung der Vertretungsmacht[42]. Die Landesgesetze oder die Satzung können festlegen, daß neben dem Vorstande für gewisse Angelegenheiten besondere Vertreter bestellt werden. Dies gilt besonders für Stipendien – und ähnliche Stiftungen. Die Notwendigkeit, den Stiftungszweck sachgemäß, d. h. vom Standpunkt der Sachkunde her gesehen, einwandfrei zu verwirklichen, unterwirft die Stiftungsverwaltung Erfordernissen, die durch die Verweisung auf die Normen des Vereinsrechts keine hinreichende Beachtung finden. Oder anders ausgedrückt: die Organschaft der Stiftungsverwaltung läßt sich *nicht ohne weiteres durch eine bloße Verweisung auf die körperschaftliche* Verfassung erläutern. Vorauszuschicken ist, daß der Stifter nicht gehindert ist, sich selbst zum Stiftungsverwalter zu ernennen, und daß er den Vorstand nach seinem freien Belieben bestimmen kann. Falls er es unterläßt, ist es Aufgabe der Aufsichtsbehörde, entsprechende Vorkehrungen zu treffen. Jedenfalls scheidet eine Bestellung des Vorstandes durch die Mitgliederversammlung aus, weil ein solches Organ nicht existiert. Die Stiftung hat daher außer dem Vorstand keine Organe. Etwaige Kuratoren oder ähnliche Einrichtungen haben nach dem BGB keine rechtliche Organstellung. Im Schrifttum wird darauf hingewiesen, daß das Stiftungsrecht „keine privatrechtliche Befugnis" kenne, über den Zweck der Stiftung zu verfügen[43].

Das BGB sieht allerdings eine öffentlichrechtliche Eingriffsmöglichkeit vor, wenn die Erfüllung des Stiftungszwecks unmöglich geworden ist. Bei den vorstehenden Überlegungen handelt es sich aber nicht um die Unmöglichkeit der Zweckverwirklichung im Sinne des Gesetzes, sondern um ihre Sachgemäßheit im Sinne des Stiftungsgeschäftes. Im Laufe der Zeit können sich nämlich z. B. die technischen Voraussetzungen der Durchführung und Erfüllung der Stiftungsaufgaben in erheblicher Weise ändern, so daß dem Zweck eine andere Richtung oder ein anderer Umfang usw. gegeben werden muß. Aus diesen Andeutungen ergibt sich, daß die Rechtsstellung des Stiftungsverwalters – der Ausdruck Vorstand eignet sich nicht besonders – einerseits dem Inhalt des Stiftungsgeschäftes andererseits der konkreten Zweckgestaltung durch das Gesetz anzupassen ist. Die übliche Vorstellung, daß sich die Organschaft unmittelbar aus der juristischen Person ableitet, wandelt sich im Stiftungsrecht dahin ab, daß der Stiftungsverwalter – abgesehen von seinem Verhältnis zur juristischen Person –, seine Rechtsposition aus den Grundlagen des Stiftungsgeschäftes und der Satzung bezieht. Es kommt hinzu, daß die Art und Weise der Stiftungsverwaltung außerdem der

---

[42] Siehe BGH LM § 26 Nr. 3 – NJW 1980, 2799.
[43] Mestmäcker, a.a.O., G 27.

II. Die Stiftungsverfassung nach dem BGB

Stiftungsaufsicht unterliegt. Schließlich greift der rechtliche Gesichtspunkt ein, daß die Wahrnehmung der Interessen der Destinatäre ein Anliegen der Stiftungsverwaltung ist, ohne daß es hierbei darauf ankommt, wie sich ihre Rechtsstellung darstellt.

Das Fernziel ist darauf gerichtet, an die Stelle der Verweisungsbestimmung ein Kapitel zu setzen, das die Überschrift *„Stiftungsverwaltung"* trägt. Ein solcher Abschnitt ist zu stiftungsrechtlicher Eigenart zu entfalten, sowohl was die Rechtsstellung des Organes nach außen als auch nach innen betrifft. Es ist üblich, die Stiftungsverwaltung als „Treuhand" und den Stiftungsverwalter demgemäß als „Treuhänder" zu bezeichnen, sofern es sich um eine unselbständige oder fiduziarische Stiftung handelt. Die entsprechende Auseinandersetzung bleibt dem Abschnitt über die unselbständige Stiftung vorbehalten. Vorerst mag genügen, den Stiftungsverwalter in die Kategorie der Sachwalterschaft einzureihen. Vorausgesetzt wird ein persönlicher und ein sachlicher Bereich. Der erste reicht vom Stifter und Verwalter bis zu den Genußberechtigten. Der andere Bereich umschließt das zweckgebundene Vermögen und die Erträgnisse sowie die Art und Weise der Verwendung im Rahmen der getroffenen Einrichtungen.

d) Die Stiftungsarten

1. Der Grundtypus und die Erscheinungsformen

Die dogmatischen Versuche, die Stiftung theoretisch zu erfassen, sei es als Sondervermögen, das rechtlich verselbständigt ist, sei es als Verbandsperson oder personifiziertes Zweckvermögen[44], beziehen sich auf die im BGB als Grundtypus geregelte Stiftung. Da ihn das Gesetz nicht definiert, hat das Schrifttum immer wieder eine begriffliche Abgrenzung vorgenommen. Gewicht wird darauf gelegt, daß es sich um eine Einrichtung zur Verwirklichung eines *dauerhaften* Zweckes handelt, der durch den Stifterwillen in dem Stiftungsgeschäft vorbestimmt ist. Vorausgesetzt wird die Anerkennung der Institution als selbständiger Rechtsträger, wodurch die sog. unselbständige Stiftung aus der Definition ausgeschieden wird. Wiewohl im Gesetz von einem Stiftungsvermögen nicht gesprochen wird, ist dennoch die Stiftung regelmäßig auf ein Vermögen angelegt. In negativer Hinsicht wird noch betont, daß die Stiftung nicht in einem Personenverband besteht[45]. Von der privatrechtlichen Stiftung wird die öffentlichrechtliche von vornherein deutlich getrennt[46]. Ebenso wie die unselbständige Stiftung scheidet das Sammelvermögen aus der Gesamtordnung aus, weil es nicht rechtsfähig ist.

---

[44] Zuletzt: H. Hübner, Allgemeiner Teil des Bürgerlichen Gesetzbuches, 1985, Rdn. 163 ff.
[45] H. Hübner, a.a.O.
[46] Palandt / Heinrichs, Vorbemerkung vor § 80, Ziffer 2; BGH WPM 75, 199.

Zwar ist das Sammelvermögen ein stiftungsähnliches Gebilde, fällt aber nicht unter den Begriff der Stiftung, weil das durch öffentliche Sammlung zusammengebrachte Vermögen nur einem vorübergehenden Zwecke dient.

Obwohl das BGB die Stiftungen des öffentlichen Rechts aus dem System ausscheidet, erwähnt sie § 89 BGB insofern, als die Anwendung des § 31 BGB ausgeschlossen wird.

Die Verfassung als thematischer Gesichtspunkt bezieht sich auf den Grundtypus der Stiftung, nicht auf ihre einzelnen Erscheinungsformen. Diese sind im Laufe der Zeit auf empirischem Wege gewonnen worden, so daß ein allgemeingültiges, feststehendes Rechtssystem von Stiftungsarten nicht entwickelt wird; vielmehr werden einzelne Formen, die sich geschichtlich herausgebildet haben, mit Rücksicht auf ihre Bedeutung und Wandlung zusammengestellt. Im Rahmen beispielhafter Aufzählung tritt besonders die *Familienstiftung*[47] mit Rücksicht auf ihre historische Bedeutung und ihre mehrfachen Wandlungen hervor. Der Anknüpfungspunkt ist der Kreis der Begünstigten, nämlich die Familienmitglieder, denen aus den Erträgnissen des Grundvermögens der Stiftung Zahlungen geleistet werden sollen. Die Familienstiftung ist im BGB nicht geregelt, sondern hat neuerdings in Landesgesetzen voneinander abweichende Rechtsformen erhalten. Trotz dieser Aktualisierung bleibt die Familienstiftung vorwiegend ein rechtshistorisches Phänomen, das gewöhnlich im Zusammenhang mit Familienstammgütern und Familienfideikommissen genannt zu werden pflegt. Die innere Verwandtschaft der Rechtseinrichtungen hat bewirkt, daß die Diskussion, die letzthin über die Familienstiftung stattfand, von den Gesetzen berührt wurde, die auf die Auflösung der Familienfideikommisse gerichtet sind.

Neben dieser Erscheinungsform werden die Stipendien- und Forschungsstiftungen, die sich in der Gegenwart mehr und mehr verbreiten, genannt. Ihre Verfassungen sind insofern problematisch, als der Kreis der Genußberechtigten nach bestimmten Merkmalen festgelegt werden muß, damit eine entsprechende Auswahl für die Begünstigung getroffen werden kann. Die Prüfung setzt im allgemeinen eine besondere Sachkunde voraus, was auf die oben erörterte Qualifizierung der Stiftungsverwaltung hinweist. Schließlich wird eine Beziehung zwischen der Stiftungsverfassung und der Unternehmensverfassung durch die sog. Unternehmensträgerstiftung[48] hergestellt.

---

[47] Siehe hierzu Liermann, S. 242 und die dort zit. Abh. von Scheurl und Frommhold sowie Roth.

[48] Die obige Aufzählung geht zurück auf Enneccerus / Nipperdey, Allgemeiner Teil des Bürgerlichen Rechts, 15. Aufl., 1959, § 118 VI, Ziffer 1 - 3. Lit. Hinweise hinsichtlich der Unternehmensträgerstiftung in Anm. 21, 22, wo die Carl-Zeiss-Stiftung hervorgehoben wird, deren Rechtslage Nipperdey in FS für Schmidt-Rimpler, 1957, behandelt hat. Schrifttum bei Strickrodt, Unternehmen unter freigewählter Stiftungssatzung, 1958. Neueres Material bei Soergel / Neuhoff, Vor § 80, Rdn. 64, wo auch auf das DJT-Gutachten von Ballerstedt, S. 27 ff., aufmerksam gemacht wird. Zu der Frage, ob die Stiftung unmittelbar selbst als Unternehmen aktiv werden darf

II. Die Stiftungsverfassung nach dem BGB

Der Grundgedanke ist, daß die Stiftung nicht nur der Vermögensverwaltung, sondern auch der Teilnahme am Wirtschaftsleben dienen soll. Aus dieser Vorstellung geht die Gegenüberstellung von „Stiftungsunternehmen und Unternehmensstiftung" hervor. Die heute übliche Ausdrucksweise ist „Unternehmensträgerstiftung". Hiermit sollen Stiftungen gekennzeichnet werden, die mit unternehmerischem Vermögen ausgestattet sind[49]. Die Problematik liegt weniger in der Vermögensgestaltung als im Zweckbegriff. Nach der früheren Anschauungsweise war ein Stiftungszweck, der auf die Unternehmensführung allein beschränkt ist, nicht zulässig. Auch heute wird ein solcher Stiftungszweck vielfach abgelehnt. „Da die Stiftung gedanklich uneigennützige Güteraussetzung und -verselbständigung seitens des Stifters, treuhänderisches Handeln der in ein Stiftungsamt berufenen Personen und einen fremdnützigen, außerhalb der Stiftung als Institution liegenden Zweck voraussetzt..., muß von der generellen Unmöglichkeit der Selbstzweckstiftung ausgegangen werden[50]." Die Folgerung ist, daß diejenigen Stiftungen, die ausschließlich auf eine unternehmerische „Teilnahme am Wirtschaftsverkehr" gerichtet sind, unzulässig sein sollen. Nach anderer vordringender Auffassung ist auch der Unternehmensbetrieb ein gesetzlich zulässiger Stiftungszweck, z.B. wenn er den Bestand des Unternehmens sichert. Hieraus erklärt sich die Definition, daß die Unternehmensträgerstiftung Trägerin eines oder mehrerer Wirtschaftsunternehmen ist, sei es, daß die Stiftung mit dem Unternehmen eine einheitliche, rechtliche Organisation bildet, oder daß sie Teilhaberin einer Personal- oder Kapitalgesellschaft ist. Im letzten Falle setzt sich das Stiftungsvermögen nur aus Kapitalanteilen an dem geleiteten Unternehmen zusammen. Der Zusammenhang bewirkt, daß die Gewinne der Handelsgesellschaft der Stiftung zukommen. Mit Recht wird darauf hingewiesen, daß die Unternehmensstiftungen mitunter in der Wirtschaftspraxis ein Ziel verfolgen, das über den „bloßen Unternehmensbetrieb" hinausgeht[51,52].

---

siehe 44. DJT II G, 95 ff. Kritisch Reuter / Münch. Komm., Vor § 80, Rdn. 18 ff. Die Alternative ist also nach dem derzeitigen Stand der wissenschaftlichen Untersuchung, ob die Stiftung selbst ein Unternehmen betreibt oder ob sie auf ein solches etwa durch Kapitalbeteiligung einen beherrschenden Einfluß ausübt. Zuletzt: Palandt / Heinrichs, Vorbemerkung vor § 80 3a; BGH 84, 352.

[49] Ebersbach, Handbuch des Stiftungsrechts, S. 32 ff.

[50] Soergel / Neuhoff, a.a.O., Vor § 80, Rdn. 70 ff.; Enneccerus / Nipperdey, S. 726.

[51] H. Hübner, a.a.O., Rdn. 167, unter Hinweis auf Nipperdey; Die Rechtslage der Carl-Zeiss-Stiftung, FS Schmidt-Rimpler, 1957, S. 41 ff.; Goerdeler, Die Stiftung als Rechtsform für Unternehmungen, ZHR Nr. 13, 145 ff.

[52] Die Satzung einer Unternehmensstiftung legt nach dem Namen und dem Sitz die Rechtsform sowie den Stiftungszweck und das Stiftungsvermögen fest. Der Stiftungszweck ist regelmäßig ein allgemeiner und ein besonderer. In erster Hinsicht ist etwa die Entwicklung auf dem Gebiete der Wissenschaft der Elektrotechnik zu fördern. Der besondere Zweck bezieht sich auf einen konkreten Stiftungsbetrieb, etwa ein Stromversorgungsunternehmen, das wirtschaftlich gesichert werden soll. Daneben kommen andere Maßnahmen in Betracht, die der Verwirklichung des Stiftungszweckes dienlich sind, wie z.B. Zuwendungen an Hochschulen. Solche Maßnahmen

88 3. Hauptteil: Die kodifizierte Stiftungsverfassung

Die Streitfragen sind im Rahmen der systematischen Zusammenstellung der Stiftungen im allgemeinen nicht weiter zu erörtern. Es kommt nur darauf an, daß eine Einteilung nach dem *Stiftungsvermögen* für denkbar erachtet wird. Das Ergebnis ist, daß die *Anstaltsstiftung, die Hauptgeldstiftung*[53] und die *Unternehmensstiftungen* in ihren verschiedenen Ausprägungen in eine Reihe gestellt werden. Bei einer derartigen Systematik ist allerdings zu berücksichtigen, daß der Gliederungsgesichtspunkt dadurch verengt wird, daß die aus sachlichen Gründen notwendige Beziehung *zum Zweck* zu kurz kommt. Die Methode, den Begriff der Stiftung mit Phänomenen anderer Rechtsgebiete zu kombinieren, hat zur Folge gehabt, daß der Grundtypus verdeckt wurde. Letztlich läßt sich das System der Stiftungsarten, wie noch zu zeigen sein wird, nur durch eine extensive Interpretation des Zweckes und seiner Verwirklichung errichten.

2. Die unselbständige Stiftung als „Treuhand"

In der Stiftungswirklichkeit haben sich aus entwicklungsgeschichtlichen Gründen neben dem erörterten Einheitstypus der Stiftung, die im BGB geregelt ist, Ersatzformen herausgebildet. Unter ihnen sind korporative Gestaltungen mit Rücksicht auf die oben dargestellte körperschaftliche Verfassung zuerst zu erwähnen. In Betracht kommen hauptsächlich der ideale

---

beschließt der Vorstand der Stiftung im Einvernehmen mit der Leitung des Unternehmens.

Nach der Satzung einer Unternehmensstiftung besteht ihr Vermögen aus dem Betriebsvermögen des betreffenden Unternehmens. Aus den Gewinnen des Stiftungsbetriebes werden die oben angedeuteten Aufgaben erfüllt (vgl. § 3 der Mustersatzung). Ausgaben, die mit dem Zwecke der Stiftung unvereinbar sind, verstoßen gegen die Satzung. Die Verteilung der Stiftungsmittel obliegt dem Vorstand, der die Geschäftsführer des Unternehmens bestellt. Die Unternehmensleitung führt den Stiftungsbetrieb nach den Richtlinien des Vorstandes. Organe der Stiftung sind der Vorstand und die Geschäftsführer des Unternehmens (zur Mustersatzung siehe Ebersbach, a.a.O., IV - 3.0).

Mit der Unternehmensstiftung treffen zuweilen Gesichtspunkte zusammen, die auf eine Familienstiftung hindeuten. Beispielsweise wird im Rahmen einer Kommanditgesellschaft eine Stiftung zum einzigen Komplementär bestimmt. Mitglieder der Familie des Stifters werden nur als Kommanditisten in die Reihe der Kuratoren eingegliedert. Das Familieninteresse können sie nur bei einem entsprechenden Stimmenverhältnis (4:3) wahren (zu diesem Tatbestand siehe Neuhoff, Reutlinger Reden, hrsg. v. d. Industrie- und Handelskammer, Reutlingen, 1979, S. 23). Siehe denselben, Einige Bemerkungen zur Komplementarität von Selbstverwaltung und Stiftung, in: „Selbstverwaltung im Staat der Industriegesellschaft", Hrsg. A. v. Mutius, 1983, wo die Zwecke der Carl-Zeiss-Stiftung (S. 1002) erläutert werden, nämlich „dauernde Fürsorge für die wirtschaftliche Sicherung der genannten Unternehmungen sowie für Erhaltung und Weiterbildung der in ihnen gewonnenen industriellen Arbeitsorganisation", ferner „Erfüllung größerer sozialer Pflichten ... gegenüber der Gesamtheit der in ihnen tätigen Mitarbeiter, behufs Verbesserung ihrer persönlichen und wirtschaftlichen Rechtslage".

[53] Ebersbach, a.a.O., S. 32. Zur Unterscheidung von Anstalts- und Hauptgeldstiftung siehe die Literaturangaben bei Pleimes, Weltliches Stiftungsrecht, 1938, S. 58 ff., 271.

II. Die Stiftungsverfassung nach dem BGB

Verein und die Gesellschaft mit beschränkter Haftung, deren Zwecke nach Art einer Stiftung gestaltet werden. Eine weitverbreitete Ersatzform ist ferner die unselbständige Stiftung, die als Gegenstück zur selbständigen Stiftung gedacht ist. Eine Legaldefinition lautet, daß sich der „Stifter zugunsten eines uneigennützigen, auf die Dauer angelegten Zweckes" der betreffenden Vermögenswerte entäußert[54]: als Rechtsträger wird derjenige angesehen, der nach dem Willen des Stifters den Zweck zu erfüllen hat. Regelmäßig findet die Stiftung bei einer bereits vorhandenen Körperschaft einen „ständigen Stützpunkt"[55]. Der Ausdrucksweise des genannten Gesetzes liegt die Annahme eines *„Treuhandgeschäftes"* zwischen dem Stifter und dem Rechtsträger zugrunde. Dieser hat nämlich die mit der Stiftung verknüpften Rechte und Pflichten treuhänderisch wahrzunehmen. Die Errichtung einer unselbständigen Stiftung vollzieht sich allein auf der rechtsgeschäftlichen Basis ohne den üblichen Verwaltungsakt, durch den die Rechtsfähigkeit verliehen wird.

Seit langer Zeit wird diese Art von Stiftungen in die Kategorie der fiduziarischen Rechtsgeschäfte eingegliedert. Nach der Konstruktion wird das zugewandte Vermögen der juristischen Person, an die sich die Stiftung anlehnt, zur treuen Hand übereignet. Der Empfänger hat das Vermögen den Auflagen gemäß zu verwenden[56]. Auf derartige Tatbestände sind die Vorschriften des BGB (§§ 80 ff.) nicht anzuwenden[57]. Ob eine analoge Anwendung des § 87 BGB möglich sein kann, ist umstritten. Die Frage wird eher zu bejahen sein, und zwar im Hinblick auf den Charakter der Auflage, die ohnehin die stiftungsrechtliche Anpassungsmöglichkeit voraussetzt[58]. Da der „Treuhänder" verpflichtet ist, die Auflagen zu erfüllen, nehmen die Rechtsprechung und das Schrifttum bei der Erläuterung des fiduziarischen Rechtsgeschäftes auf die Vorschriften §§ 525, 2194 BGB ohnehin Bezug. Die Verwendung der Rechtseinrichtung der Auflage, legt es nahe, anstelle der Treuhand eine Schenkung unter einer Auflage anzunehmen, und zwar sowohl eine solche unter Lebenden als auch von Todes wegen.

Dies bedarf einer Begründung. Der Grundgedanke des „Stiftens" erfordert nämlich, daß das Stiftungsgut *endgültig* aus dem Vermögen des Stifters *ausgeschieden* wird. Sollte der Vermögensübertragung eine Bedingung hinzugefügt werden, so darf sich diese nicht auf die Existenz der Stiftung beziehen. Nach den Normen des Stiftungsrechts ist die Veräußerung auf jeden Fall definitiv. Bei den fiduziarischen Rechtsgeschäften ist die Über-

---

[54] § 2, Abs. 2 des Nordrhein-Westfälischen Stiftungsgesetzes.
[55] M. Gutzwiller, Das Recht der Verbandsperson, in: Schweizerisches Privatrecht, Bd. II, Basel 1967, S. 612.
[56] Das erwähnte Gesetz formuliert, daß der Zweck von einem anderen treuhänderisch zu erfüllen ist.
[57] Enneccerus / Nipperdey, § 117, I.
[58] Reuter / Münch. Komm., Vor § 80, Rdn. 37.

tragung des Vermögens zu treuen Händen nicht in dem Sinne endgültig, daß die Gegenstände definitiv aus dem Vermögen des Treugebers ausgeschieden werden. Unter Umständen verbleibt nämlich dem Fiduzianten das Recht auf jederzeitigen Widerruf der Vermögensübertragung, abgesehen davon, daß ihr eine Bedingung hinzugefügt wird, die den Rückfall zur Folge hat. Auf der anderen Seite stehen dem Rechtsträger der unselbständigen Stiftung nicht nur fiduziarische Rechte an dem Vermögen zu[59]. Der dogmatische Einbau der fiduziarischen Geschäfte in das Stiftungsrecht ist somit vorsichtiger aufzunehmen, als es bisher geschehen ist. Hiergegen kann nicht geltend gemacht werden, daß die sog. unselbständigen Stiftungen im Gesetz nicht geregelt sind. Der Grundbegriff der Stiftung ist für alle Arten der Anwendungsfälle vorgegeben. Die Annahme einer Schenkung setzt sich im übrigen über den besonderen Sinn der Stiftung als einer Institution sui generis hinweg.

3. *Systematik*

Vom Standpunkt systematischer Zusammenfassung bestehen demnach nur die vier rechtlichen Kategorien der *privatrechtlichen, öffentlichrechtlichen, rechtsfähigen und nichtrechtsfähigen* Stiftungen. Diese Fundamentierung entspricht im wesentlichen dem Aufbau, den unlängst Ebersbach vollzogen hat[60]. Alle übrigen Einteilungsgesichtspunkte sind genau genommen nicht rein *stiftungssystematischer* Herkunft. Vielmehr unterliegen sie eigenartigen Begriffen, weil sie aus prägenden „Ordnungen" hervorgegangen sind, wie z. B. die Familienstiftungen und die Unternehmensträgerstiftungen. Die weitverbreitete Methode der Kombination hat im Laufe der Zeit dazu geführt, daß der ursprüngliche, allgemeine Stiftungsbegriff durch *besondere* Qualifizierungen um weitere Arten vermehrt wurde. Hierbei ist zu unterscheiden, ob für die Bestimmung von Sonderformen Begriffe des Stiftungsrechts oder *externe Phänomene* zugrundegelegt werden. Eine interne Einteilung erfolgt nach dem Stiftungsvermögen und seiner Widmung, wie oben näher dargelegt wurde. Häufig findet die Gliederung auf der Grundlage der *Stiftungsorganisation* statt. Als Ansatz dient der Zusammenhang der Stiftungen etwa mit dem Staat, der Kirche oder einer Gemeinde. Hieraus werden Differenzierungen abgeleitet, die sich z. B. auf kirchliche Stiftungen beziehen. Der Ordnungsbereich der Kirchen ist insofern ein Abgrenzungsbegriff, als die weltliche Stiftung in der Weise definiert wird, daß sie alle derartigen Einrichtungen umfaßt, die nicht zu den kirchlichen Stiftungen zu rechnen sind.

---

[59] H. M. Riemer, Die Stiftungen, Berner Kommentar, Bd. V/3, Bern 1975, Systematischer Teil, Rdn. 435.
[60] Handbuch des Stiftungsrechts, S. 22 ff.

Die Einteilung nach der Stiftungsorganisation führt im Grunde genommen nicht zu befriedigenden Ergebnissen, weil der Aspekt der Ergänzung von der Zweckseite her bedarf. So ist für den Organisationszusammenhang der Stiftung mit der Kirche der *kirchliche oder religiöse* Zweck maßgebend[61]. Eine Rolle spielen dabei die Aufgaben, die von der betreffenden Institution zu erfüllen sind. Dies gilt sowohl für die kirchlichen als auch die weltlichen Stiftungen. Von diesem Standpunkte kommt den *kommunalen* Stiftungen, historisch und dogmatisch gesehen, eine besondere Bedeutung und Tragweite zu. Es handelt sich um den Stiftungszweck, der im Rahmen kommunaler Aufgaben liegt[62]. In systematischer Hinsicht ist hervorzuheben, daß hierher „alle rechtsfähigen oder nichtrechtsfähigen Stiftungen des bürgerlichen und öffentlichen Rechts" gehören, deren Zweck in dem Bereich *kommunaler Funktionen* liegt[63].

Eine besondere Gruppe bilden die Stiftungen unter behördlicher Verwaltung, besonders diejenigen, die von einer Gemeinde verwaltet werden, sei es, daß die Stiftung eine privatrechtliche oder öffentlichrechtliche ist (siehe § 86 BGB). Diese Rechtsform stellt auf die Entstehungsart und Organisation ab. Der Begriff der öffentlichen Stiftung hat vornehmlich den Zweck im Auge. Hieraus wird hergeleitet, daß auch eine privatrechtliche Stiftung eine öffentliche sein könne, wenn sie derartigen Zwecken diene. Die Systematik wird dadurch übersichtlicher, daß die öffentlichen Stiftungen den gemeinnützigen[64] gleichgestellt werden. Im Gegensatz zum österreichischen Recht kennt das BGB den Begriff der gemeinnützigen Stiftung nicht, weil es von der Allzweckstiftung ausgeht. Ohne den Begriff der Gemeinnützigkeit ist kaum auszukommen, wenn gegensätzlich von Privatnützigkeit gesprochen wird, etwa bei der Differenzierung der verschiedenen Zwecksetzungen, die mit einer Familienstiftung verbunden sind.

III. Die Stiftungsverfassung nach dem schweizerischen ZGB

a) System

Nach der Systematik des schweizerischen Personenrechts ist das Recht der Persönlichkeit der dem Ganzen übergeordnete Gesichtspunkt, sowohl was die natürlichen als auch die juristischen Personen betrifft. In letzter

---

[61] Ebersbach, a.a.O., S. 35.
[62] Ebersbach, a.a.O., S. 37.
[63] Ebersbach, a.a.O.
[64] Zuweilen wird die Gemeinnützigkeit des Zweckes in der Satzung ausdrücklich hervorgehoben und im einzelnen erläutert. Beispielsweise legt eine Hochschulstiftung fest, daß sie ausschließlich gemeinnützigen Zwecken dient, indem ihr die Aufgabe obliegt, durch Lehre und Forschung wissenschaftliche Erkenntnisse zu vermitteln, zu wissenschaftlichem Denken zu erziehen und die staatsbürgerliche Bildung zu fördern.
Die betreffende Stiftung ist eine rechtlich selbständige, die von der betreffenden Stadt verwaltet wird.

Hinsicht werden infolgedessen Persönlichkeit, Rechtsfähigkeit und Handlungsfähigkeit unterschieden. Gemäß den allgemeinen Bestimmungen, die für die juristischen Personen aufgestellt sind, erlangen die körperschaftlich organisierten Personenverbindungen und die einem besonderen Zwecke gewidmeten und selbständigen *Anstalten* das Recht der Persönlichkeit durch die Eintragung in das Handelsregister. Unter diese Bestimmung fallen auch die Stiftungen. Von der Eintragungspflicht sind die kirchlichen Stiftungen und die Familienstiftungen ausgenommen[1]. Nach dem Gesetz können Personenverbindungen und Anstalten zu unsittlichen oder widerrechtlichen Zwecken das Recht der Persönlichkeit nicht erlangen[2]. Gemäß den allgemeinen Bestimmungen sind die juristischen Personen handlungsfähig „sobald die nach Gesetz und Statuten" notwendigen Organe bestellt sind[3]. Diese werden berufen, den Willen der juristischen Person zu bilden.

Den Stiftungen ist ein besonderer Abschnitt gewidmet, der in der Weise gegliedert ist, daß zuerst die Errichtung sodann die Organisation sowie die Umwandlung der Stiftung geregelt sind. Familienstiftungen und kirchliche Stiftungen werden besonders behandelt. Dies gilt auch für Personalfürsorgestiftungen, die gemäß Art. 331 des Obligationenrechts in Form der Stiftung errichtet sind[4]. Ein besonderer Abschnitt betrifft die Aufhebung einer Stiftung, sei es, daß ihr Zweck widerrechtlich bzw. unsittlich oder unerreichbar geworden ist.

Das Zivilgesetzbuch legt fest, daß die Stiftungen der Aufsicht desjenigen Gemeinwesens unterstehen, dem sie bestimmungsgemäß angehören. Die Vorschrift hebt hervor, daß die Aufsichtsbehörde dafür Sorge zu tragen hat, daß das Stiftungsvermögen seinen Zwecken gemäß verwendet wird[5].

Voraussetzung für die Errichtung einer Stiftung ist nach der Ausdrucksweise des Gesetzes die *Widmung* eines Vermögens für einen besonderen Zweck. Die Regelung zählt indes einzelne Zweckarten nicht auf, so daß verschiedenartige Ziele im Sinne einer Allzweckstiftung denkbar sind, unter dem Vorbehalt, daß Sondervorschriften für die oben erwähnten Stiftungsgruppen gelten. Die Stiftung wird in der Form einer öffentlichen Urkunde oder durch eine letztwillige Verfügung, sei es in öffentlicher Form, sei es eigenhändig, errichtet[6]. Inhaltlich handelt es sich um die mehrfach beschriebene Stiftungserklärung. Die Stiftungsurkunde ist zugleich der Stiftungsakt, das Stiftungsgeschäft, das in erster Linie das personenrechtliche Ziel

---

[1] Art. 11 ff., 52 ff. ZGB.
[2] Art. 52, III, ZGB.
[3] Art. 54, 55 ZGB.
[4] Art. 87, 89 bis, ZGB.
[5] Art. 84 ZGB.
[6] Art. 81 ZGB. Die Eintragung erfolgt nötigenfalls unter Angabe der Mitglieder der Verwaltung, siehe Art. 81, II, VO Handelsreg. Art. 101 ff.

III. Die Stiftungsverfassung nach dem schweizerischen ZGB

verfolgt, das Rechtssubjekt der Stiftung ins Leben zu rufen. Hiermit ist der organisatorische Akt verbunden, daß das gestiftete Vermögen einem bestimmten Zwecke dienen soll, was im Gesetz mit Widmung bezeichnet wird[7].

In formeller Hinsicht wird auf der Grundlage der Urkunde die Stiftung in das *Handelsregister* eingetragen[8]. Ferner werden die Organe der Stiftung und die Art der Verwaltung durch die genannte Urkunde festgestellt. Gesetzlich ist der Eingriff der Aufsichtsbehörde vorgesehen, wenn die betreffende Organisation nicht genügend ist[9].

b) Das Stiften und das Widmen

Das schweizerische Zivilgesetzbuch stellt die Widmung des Stifters in den Vordergrund der Regelung. Der Widmung liegt die innere Beziehung zwischen dem Stiftungsvermögen und dem Stiftungszweck zugrunde. Der Begriff der Widmung bringt auf diese Weise die Stiftungsidee im Sinne der Freiheit des Stifters zur Geltung. Bevor die Merkmale der Stiftung umrissen werden, ist es erforderlich, den Weg, der von dem Stifter zur Stiftung führt, einzuschlagen[10]. Das „Widmen" umschließt das „Stiften".

Das Wort „Stiftung" deutet im allgemeinen rechtlichen Sprachgebrauch mehr auf die anstaltliche Einrichtung, als auf den zugrundeliegenden Vorgang des „Stiftens" hin, der der Rechtssubjektivierung vorausgeht. Die Interpretation[11] hat mehrere Deutungsmöglichkeiten ergeben. Zuerst ist es das konstruktive Element, durch das etwas ins Werk gesetzt werden soll[12], es folgt die ordnende Aufgabe des Stifters, die schließlich mit der institutionellen Zwecksetzung endigt, nicht zuletzt kommt der Gedanke der Förderung hinzu, die in der Bereitschaft zur Hilfe und Unterstützung eines Personenkreises zum Ausdruck gelangt[13]. Für alle diese Arten des Stiftens lassen sich historische und gegenwärtige Beispiele anführen, so auf dem Gebiete der wohltätigen Veranstaltungen, der karitativen Betreuung, der Förderung wissenschaftlicher Bestrebungen aller Art usw.

Der Vermögenswidmung liegt demnach eine die Stiftung selbst charakterisierende Absicht des Stifters zugrunde. In ihrem Ursprunge mag sie noch als reine Motivierung aufzufassen sein. Im Fortgang rechtlicher Gestaltung wird die Stiftungsabsicht zu einer „Stiftungs-causa", auf deren Grundlage

---

[7] Art. 80 BGE, 75 I 271; 79 II 118.
[8] Art. 81 II.
[9] Art. 83 II.
[10] H. Eichler, Personenrecht, 1983, S. 368 ff.
[11] M. Gutzwiller, a.a.O., S. 574.
[12] M. Gutzwiller, a.a.O., S. 574.
[13] M. Gutzwiller, a.a.O., S. 574.

die Stiftungsurkunde basiert. Auf dieser Unterlage werden später die zugewendeten Gegenstände „stiftungshalber" bereit gestellt werden, um dem objektiven Stiftungszwecke zu dienen. Die Übertragung findet nicht schenkungshalber statt. Von vornherein liegt nämlich kein Schenkungsversprechen[14] im schuldrechtlichen Sinne vor, sondern eine *personenrechtliche Stiftungserklärung* zugrunde. Äußerlich wird dies dadurch offensichtlich, daß der Stiftung als einer einseitigen Willenserklärung ein entsprechender Vertragspartner fehlt, wie er zur Rechtseinrichtung der Schenkung gehört.

In der Sphäre des Stifters vollzieht sich innerhalb des angedeuteten zeitlichen Stadiums noch der Vorgang, den Gutzwiller[15] als Ausscheidung bezeichnet hat. Es handelt sich hierbei um die Abtrennung derjenigen Gegenstände, die der Stiftung zugewendet werden sollen, aus dem Vermögen des Stifters und die Bereitstellung zugunsten der in der Entstehung befindlichen Stiftung, etwa „durch Übergabe an einen Treuhänder". Obwohl die Ausscheidung noch keine definitive Vermögensübertragung bedeutet, wird sie für das Zustandekommen einer Stiftung nach dem schweizerischen Zivilgesetzbuch als ein „wesentliches" Element behandelt. Es ist zu prüfen, ob die oben erörterte Widmung auch die erwähnte Vermögensabtrennung umfaßt. Soweit sich diese in Rechtsakten vollzieht, die bereits Beginn der Vermögensübertragung sind, geht sie über den Begriff der Widmung hinaus. Der übliche Ausdruck „Bereitstellung der Mittel" bezieht sich noch auf das Vorstadium der Vermögensübertragung. Im übrigen fehlt die rechtliche Handhabe, die vorgeschlagene Aussonderung schon vor der Errichtung der Stiftung selbst rechtlich zu erzwingen[16].

c) Die Errichtung der Stiftung

1. *Der Grundtypus der Stiftung*

Die Stiftung wird in der Form einer öffentlichen Urkunde errichtet. Die Schriftform, die nach dem BGB ausreicht, genügt daher nicht. Das Errichtungsgeschäft unter Lebenden bedarf vielmehr nach schweizerischem Recht der öffentlichen Beurkundung. Das Stiftungsgeschäft von Todeswegen unterliegt den für letztwillige Verfügungen aufgestellten Formvorschriften. Dies gilt auch für das eigenhändige Testament. Im letzten Falle wird auf die

---

[14] M. Gutzwiller, a.a.O., S. 580, der von einer inneren Verbindung zwischen der Leistung an das Stiftungsvermögen und der causa ausgeht. Im Unterschiede zur Schenkung ist im Falle der Stiftung die Willensrichtung des Gebers nicht auf „Bereicherung eines einzelnen Beschenkten gerichtet; sie wendet sich nicht einem bestimmten Begünstigten zu". Es folgen dann die ferneren Ziele des Stifters.

[15] M. Gutzwiller, a.a.O., S. 577.

[16] Hinsichtlich der Formen der vorläufigen Bereitstellung siehe M. Gutzwiller, S. 578.

III. Die Stiftungsverfassung nach dem schweizerischen ZGB 95

Feststellung der Urteilsfähigkeit des Testators im Zeitpunkt der Errichtung der Stiftung aus naheliegenden Gründen besonderes Gewicht gelegt.

Die Hinzufügung einer Auflage zur Stiftungserklärung entspricht oft der Art des Zuwendungsversprechens, das durch die Auflage erfüllt werden soll. Denn der Empfänger soll die Vermögensgegenstände oder ihren Ertrag zu einem bestimmten Zweck verwenden. Auch die Hinzufügung von Bedingungen zu dem Stiftungsakt wird für zulässig erachtet[17].

Was die inhaltliche Gestaltung betrifft, so wird sie vom Gesetz nur durch die Bestimmungen über die Widmung und Organisation in einer allgemeinen Weise angedeutet. Die Ausfüllung ist Sache des Stifters, dessen Wille in jeder Hinsicht maßgebend ist. Die Organe kommen hierfür nicht in Betracht, gleich ob sie geschäftsführende oder vertretende sind, denn sie haben nur den Stifterwillen auszuführen. Selbst etwaigen Kontrollorganen fehlt die Kompetenz, die Stiftung zu *konstituieren*. Der Grundsatz ist darauf zurückzuführen, daß der Stiftung im Gegensatz zur Körperschaft die willensbildenden Organe in dem erörterten Sinne fehlen. Hierdurch wird nicht ausgeschlossen, daß der Stifter den Organen in der Urkunde die Befugnis einräumt, in einem offengelassenen *Freiraum* selbständige Entschließungen zu treffen, vor allem, wenn es sich um die Verwirklichung des Zweckes handelt.

Im Gegensatz zur Körperschaft fehlt dem Stifter oder anderen Personen das Recht, die Stiftungsurkunde abzuändern oder zu ergänzen. Es wird allerdings angenommen, daß ein Abänderungsrecht eingeräumt werden kann, wenn zugleich die Voraussetzungen hierfür in einer objektiven Weise bestimmt werden. Was die Aufhebung der Stiftung als solche angeht, so bewendet es bei den Vorschriften der Art. 88, 89 ZGB. Hieraus ist zu folgern, daß der Stiftung nicht das Recht zusteht, sich selbst aufzulösen. Infolgedessen kann auch der Stifter dieses Recht nicht der Stiftung einräumen.

Aus den allgemeinen Bestimmungen wird hergeleitet, daß neben der Stiftungsurkunde auch ein *Stiftungsstatut* bestehen kann. Nach Art. 54 ZGB sind die juristischen Personen handlungsfähig, sobald die Organe bestellt sind, die nach Gesetz und *Statuten* als unentbehrlich gelten. Die Bestimmung wird auch auf die Organisation der Stiftung angewendet. Der Grundgedanke ist, daß die Stiftungsurkunde nur den Zweck und die Mittel sowie die Art und Weise ihrer Verwendung im allgemeinen ordnet, wohingegen die Regelung im einzelnen dem *Statut* vorbehalten bleibt. Die Statuten werden als anpassungsfähig angesehen, so daß sie abänderlich sind. Vorausgesetzt

---

[17] M. Gutzwiller, a.a.O., Anm. 32, wo sowohl aufschiebende als auflösende Bedingungen, abgesehen von perplexen Bedingungen, für zulässig erachtet werden. Bei auflösenden Bedingungen wird zu berücksichtigen sein, daß im Einzelfall der Eintritt des betreffenden Ereignisses ohne weiteres zur Aufhebung der Stiftung führen kann, ohne daß hierbei die Aufsichtsbehörde eingeschaltet wird.

wird dabei stets, daß sich die Statuten, die auch Reglemente[18] genannt werden, im Rahmen der Stiftungsurkunde und des vorgegebenen Stiftungszweckes halten. Die Statuten können z.B. das Verfahren, in dem über die Verwendung der gestifteten Mittel befunden wird, in der Weise regeln, daß hieran mehrere Organe beteiligt sind, etwa der Vorstand und ein Kuratorium[19]. Das Ergebnis ist, daß die Stiftungsurkunde und die Statuten das rechtsgeschäftliche Fundament der Stiftung bilden. Die Auslegung erfolgt demgemäß nach dem Grundsatz ihrer inneren Zusammengehörigkeit. Die Reglemente sind nur insofern wirksam, als sie inhaltlich mit der Stiftungsurkunde völlig übereinstimmen. Keiner Darlegung bedarf, daß der Stifter bei der Ausgestaltung der Rechtsgrundlagen an den Stiftungsbegriff gebunden ist. Wenn auch im Laufe der Zeit in zunehmendem Maße Möglichkeiten körperschaftlicher Ausgestaltung der Stiftung entwickelt sind[20], so gibt es doch anerkanntermaßen zwischen beiden Rechtseinrichtungen *keine Mischformen*. Insofern sind der Stiftungsfreiheit von vornherein institutionelle Grenzen gesetzt, die aus dem System des Personenrechts hervorgehen. Darüber hinaus ist der Stifter selbstverständlich an die allgemeinen Bestimmungen der Rechtsordnung gebunden. So ist die Stiftungsfreiheit durch den vorgegebenen Anstaltscharakter der Stiftung eingeschränkt[21].

Während das BGB den Erwerb der Rechtsfähigkeit der Stiftung an die staatliche Genehmigung knüpft, erlangen die Stiftungen nach schweizerischem Recht „das Recht der Persönlichkeit" mit der *Eintragung* in das Handelsregister. Diese wirkt somit *konstitutiv*. Eine Vorstiftung nach Art eines Vorvereins ist im Gesetz nicht vorgesehen. In rechtsvergleichender Betrachtung treten sich der Konzessionsgrundsatz und das Normativsystem gegenüber. Die internationale Entwicklung scheint sich mehr dem letztgenannten Prinzip zuzuwenden. Der registerführenden Behörde obliegen die Prüfung der Rechtmäßigkeit der Stiftung und die Kontrolle des Mißbrauches. Im Gegensatz unterliegt das Genehmigungsverfahren mehr dem Ermessen der Verwaltungsbehörde[22]. Problematisch ist im deutschen Schrifttum die Abgrenzung der Prüfung der Rechtmäßigkeitsvoraussetzungen und der Zweckmäßigkeit. Die Befürworter des Normativsystems treten für die Einrichtung eines besonderen Stiftungsregisters ein[23].

---

[18] M. Gutzwiller, a.a.O., S. 583, der das Beispiel der „Stiftung für wissenschaftliche Forschung an der Universität Zürich" bringt. Oberstes Organ ist das Kuratorium. Die Abstufung der Organe der Stiftung deutet auf vereinsrechtliche Organisationsformen hin.
[19] Siehe hierzu ebenfalls M. Gutzwiller, a.a.O., S. 584, wo in einem Beispiele von den Verwaltern und von einem Stiftungsrat gesprochen wird.
[20] Riemer, a.a.O., Systematischer Teil, S. 43: „Körperschaftliche Elemente bei Stiftungen".
[21] Riemer, a.a.O., S. 46.
[22] Kampen, a.a.O., S. 22 ff.
[23] Zur geschichtlichen Entwicklung: Soergel / Neuhoff, Vor § 80, Rdn. 65.

III. Die Stiftungsverfassung nach dem schweizerischen ZGB

Dem schweizerischen Recht ist sowohl innerhalb des Vereins- als auch des Stiftungsrechts die Eintragung in das Handelsregister eigentümlich. Die Bevorzugung dieser Registerform mag historisch gerechtfertigt sein, rein äußerlich legt sie dem Anschein nach ein gewisses Gewicht auf das Handelsunternehmen, das jedoch als Gegenstand der Stiftung im Schrifttum mit einer gewissen Zurückhaltung aufgenommen wird[24].

2. Die Familienstiftung und die Unternehmensstiftung

Die Familienstiftung, die sich von dem Grundtypus dadurch unterscheidet, daß der Kreis der Begünstigten auf die Angehörigen einer Familie beschränkt ist, sind wie die kirchlichen Stiftungen von der Pflicht zur Eintragung befreit. Der Grund ist, daß sie am Rechtsverkehr wenig teilnehmen, weil ihre Organisation „nach innen" gewandt ist, d.h. auf den Familienverhältnissen beruht. Die Definition wurzelt nicht im Stiftungsrecht, sondern im Familienrecht[25]. Hiernach kann das Vermögen mit einer Familie dadurch verbunden werden, daß „zur Bestreitung der Kosten der Erziehung, Ausstattung oder Unterstützung von Familienangehörigen" eine Familienstiftung errichtet wird. Das Gesetz bezieht ähnliche Zwecke ein. Die Errichtung erfolgt nach den Regeln des Personen- oder Erbrechts. Nach dieser Vorschrift sind Familienfideikommisse nicht mehr gestattet. Die Familienstiftung ist als Rechtsträger rechtsfähig, das Familienfideikommiss war lediglich ein Sondervermögen ohne Rechtsfähigkeit des jeweiligen Inhabers, der allein berechtigt war. Demgegenüber ist es möglich, daß die Leistungen aus einer Familienstiftung prinzipiell sämtlichen Mitgliedern der Familie zugutekommen können. Ein wesentlicher Unterschied liegt darin, daß die Familienstiftung eine gewisse Bedürfnislage der Destinatäre voraussetzt. Hierin erblickt das Schrifttum[26] einen idealen Zweck. So werden z.B. die Kosten der Unterhaltung von Grabstätten der Familienangehörigen als Gegenstand der Familienstiftung angesehen. *Die Familienstiftungen* sind zwar dogmatisch von den gewöhnlichen Stiftungen zu trennen, dennoch *nicht als eine völlig verschiedene Stiftungsart* zu gruppieren. Mit Rücksicht auf die Beschränkung des Kreises der Bezugsberechtigten befinden sich die genannten Stiftungen gleichsam in der Mitte zwischen dem allgemeinen Grundtypus und einer Stiftung sui generis, etwa nach der historischen Aus-

---

[24] A. Meier-Hayoz / P. Forstmoser, Grundriß des Schweizerischen Gesellschaftsrechts, 2. Aufl. 1976. „Durch diese endgültige Fixierung des Zweckes haftet den Stiftungen etwas Schwerfälliges, Statisches an, und deshalb erscheinen sie für die Belange des Handelsrechts – einem sehr dynamischen Rechtsgebiet – wenig geeignet."

[25] Art. 335 ZGB; BGE 90 II 333; Grundlage ist Art. 52 II ZGB.

[26] Riemer, a.a.O., Systematischer Teil, Rdn. 102 ff., 108 ff., unter Hinweis auf Gerhard, Kaufmann, Hindermann, R. Schweizer, Hoffmann. Zur Einbeziehung anderer Personen, die nicht der Familie angehören siehe Riemer, a.a.O., Rdn. 109. Zur statutarischen Begrenzung der Begünstigten siehe Riemer, a.a.O., Rdn. 110.

gestaltung als einer Stiftung, die schlechthin auf die gesamte Familie ausgerichtet war. Nach geltendem Recht kann der Stifter die Destinatäre frei bestimmen, auch durch Zusammenfassung von Angehörigen, z.B. der Nachkommen oder der Nachkommen einer bestimmten Generation oder durch Beschränkung, z.B. auf die männlichen Nachkommen. Stets ist eine Gesamtheit von Familienangehörigen zu berücksichtigen, so daß die Familienstiftung nicht auf Einzelpersonen begrenzt werden kann, die individuell benannt werden. Es bietet sich aber die Möglichkeit an, solche Angehörige auf dem Wege der üblichen Stiftung zu begünstigen. Unzulässig sind auf jeden Fall Familienstiftungen, deren Zweck auf ein Familienfideikommiss hinauslaufen[27]. Es kann daher mittels der Familienstiftung nicht angeordnet werden – bei letztwilliger Verfügung –, daß die Erben ein Nachlaßgrundstück nicht veräußern dürfen, sei es während bestimmter Zeit oder der Dauer mehrerer Generationen, in der Absicht des Stifters, das Grundstück schlechthin *der Familie zu erhalten*. In solchen Fällen kommt lediglich in Betracht, daß den Erben die Auflage gemacht wird, das Grundstück nicht zu veräußern. Möglich ist dabei, daß „ein Testamentsvollstrecker zur Nachlaßverwaltung" dafür sorgt, daß die Auflage erfüllt wird. Hierdurch wird das Verfügungsrecht der Erben über das unter Veräußerungsverbot gestellte Grundstück während der Dauer der Testamentsvollstreckung ausgeschlossen[28].

---

[27] Riemer, a.a.O., Systematischer Teil, Rdn. 142 unter c) Unerlaubte und Erlaubte Zwecke im einzelnen, wo darauf hingewiesen wird, daß die „voraussetzungslose Nutzung und Benutzung" eines Grundstücks kein Gegenstand einer Familienstiftung sein kann. Verwiesen wird auf BGE 93 II 451.

[28] Die Regelung der Familienstiftungen begegnet zuweilen bei der Erläuterung der Unternehmensstiftung, die die Gesetzbücher unerwähnt lassen. Das Schrifttum sieht diese als eine „faktische" Sonderform an (so Riemer, Systematischer Teil, a.a.O., Rdn. 384) und zieht Merkmale des Grundtyps der Stiftung und der gesetzlichen Sonderformen zusammen, um den Begriff der Unternehmensstiftung zu analysieren. Im Vordergrunde steht ihr Zweck, sei er ein wirtschaftlicher oder „idealer". Der Stifter kann das Unternehmen unmittelbar oder mittelbar betreiben. Sofern die Beteiligung an einer Gesellschaft die Verbindung zur Unternehmensstiftung herstellt, kommt mitunter der Ausdruck „Holdingstiftung" vor (Riemer, a.a.O., Rdn. 389). Die Definitionen setzen sich auch mit dem Begriff des Betreibens eines nach kaufmännischer Art geführten Betriebes auseinander (Meier-Hayoz / Forstmoser, a.a.O., § 4, III, Rdn. 43).
Der Begriff „idealer" Zweck ist im Bereich des Stiftungsrechts anders zu interpretieren als im Vereinsrecht. Die Problematik läuft auf die bejahende Frage hinaus, „ob als Substrat einer Stiftung auch eine Unternehmung dienen dürfe" (Riemer, a.a.O., Rdn. 400). Die Grenze zwischen wirtschaftlich und ideal wird im Hinblick auf die familienstiftungsrechtliche Vorschrift des Art. 335 ZGB gezogen. Der Vergleichsgesichtspunkt ist die Familienunterhaltstiftung. Denn auch bei der Unternehmensstiftung ist der Kreis der Destinatäre nach bestimmten Merkmalen zu umreißen. In Betracht kommen z.B. die Mitglieder des Stiftungsrates oder Arbeitnehmer, auch der Stifter selbst. Ein wirtschaftlicher Zweck wird jedoch verneint, wenn der Kreis der Destinatäre so weit gefaßt wird, daß der Stiftungszweck ein „idealer" wird, so z.B. wenn alle Bürger der Stadt, die ein bestimmtes Alter überschritten haben, begünstigt werden.
Ausdrücklich hervorgehoben wird, daß der Zweck der Sonderform in der Erhaltung

III. Die Stiftungsverfassung nach dem schweizerischen ZGB 99

3. *Die kirchlichen Stiftungen*

Wie die Familienstiftungen bedürfen auch die kirchlichen Stiftungen keiner Eintragung (siehe oben). Beide sind der Aufsichtsbehörde nicht unterstellt. Den kirchlichen Körperschaften und Anstalten bleibt das öffentliche Recht des Bundes und der Kantone vorbehalten[29]. In der Privatrechtsgeschichte wurden die Stiftungen anfangs als *Anstalten* aufgefaßt und deshalb mehr dem öffentlichen als dem Privatrecht zugeordnet. In der späteren Entwicklung erblickte man in der Stiftung lediglich eine *Privatanstalt*, sie war daher ein Bestandteil des bürgerlichen Rechts[30]. Der Schwerpunkt lag auf der Erkenntnis, daß sie nur berufen sei, den in ihr „fortlebenden Privatwillen" zu bewahren[31]. Auf diese Wandlungen wirkte das Kirchenrecht insofern ein, als die Stiftung zu einer öffentlichrechtlichen Kirchenanstalt erhoben wurde. Die Beurteilung beruhte auf einer vorwiegend organisatorischen Anschauungsweise, zumal der Begriff „Anstalt", wie Egger es ausdrückte, als farblos galt[32].

Das Wesen der kirchlichen Stiftung kann aus systematischen Einsichten, die sich auf die Unterscheidung von öffentlichem und Privatrecht beziehen, nicht erschlossen werden. Entscheidend kommt es vielmehr darauf an, ob *durch die Einrichtung kirchliche Zwecke* verwirklicht werden, dergestalt, daß die Interessen der Kirche wahrgenommen werden. Erfahrungsgemäß stehen Stiftungen im Vordergrunde, die schon früh als Pfründen bezeichnet worden sind. Dienten diese namentlich der Besoldung der Geistlichen, so waren die Kirchenstiftungen i. e. S. der Unterhaltung des Kirchengebäudes gewidmet. Daneben entwickelten sich Förderungen anderer kirchlicher Zwecke, vor allem auf dem Gebiete des Unterrichtswesens[33,34].

---

des Unternehmens bestehen kann, und darin, daß die erzielten Gewinne im Unternehmen zu bleiben haben oder dorthin zurückfließen (Riemer, a.a.O., Rdn. 392, 394, 395). Ein typischer Zweck ist die Vorsorge für die Mitarbeiter des Unternehmens. Daher kommen insbesondere Zuwendungen an Personen in Betracht, die sich beim Aufbau des Stiftungsunternehmens verdient gemacht haben. Eine solche Stiftung kann auch neben der Pensionskasse existieren, etwa zur Entrichtung von Zusatzleistungen an leitende Angestellte des Stiftungsunternehmens. Die Stiftungspraxis hat auch gemischte Formen entwickelt, nämlich auf der einen Seite die Erhaltung des Unternehmens und die Gewährleistung des Einflusses der *Stiftung als Hauptgesellschafter*, auf der anderen Seite die Überführung der aus der Unternehmung fließenden Gewinne an Familienangehörige (vgl. BGE 75 II 81, 88 ff.; kritisch: Riemer, a.a.O., Rdn. 396). Die Leistungen aus der Stiftung bzw. dem Unternehmen gemäß Art. 335 I ZGB können auch an die Familienangehörigen des Stifters entrichtet werden (Beispiele von Unternehmensstiftungen aus der schweizerischen Praxis sind zusammengestellt von Riemer, a.a.O., Rdn. 398).

[29] Art. 52 II, 49 I, 87 I ZGB.
[30] Zu der gesamten Entwicklung siehe O. v. Gierke, Deutsches Privatrecht, S. 645.
[31] O. v. Gierke, a.a.O., S. 646 ff.; siehe auch S. 640, Anm. 30.
[32] Egger, Zürcher Kommentar, Art. 80.
[33] Soergel / Neuhoff, a.a.O., Vor § 80, Rdn. 47 (hinsichtlich des dt. Rechts), wo neben Kirchenstiftungen und Pfründestiftungen das Sonderstiftungsvermögen

Was die kirchlichen Stiftungen im ZGB betrifft, so ist der Gesetzgeber von den Verhältnissen der katholischen Kirche ausgegangen, wie sie zur Zeit der Kodifizierung gegeben waren. In dieser Konzeption tritt die Kirche nicht als Körperschaft, sondern als Anstalt hervor, was sich organisatorisch auch auf ihre Gliederungen erstreckt. Deshalb sind Rechtsträger der Stiftungen das betreffende Bistum oder die örtliche Pfarrkirche.

Der Ordnung entspricht die Abstufung von Kathedralkirchenstiftung und Pfarrkirchenstiftung[35]. Priesterseminare stehen als Stiftungen auf der Stufe des Bistums.

Die protestantischen Kirchen haben sich nach der sog. *Kirchengemeindetheorie* entwickelt, sind daher körperschaftlich organisiert. Als Rechtsträger des Vermögens kommen grundsätzlich die Gemeinden selbst in Betracht. Es handelt sich um eine juristische Person körperschaftlicher Natur. Auch in diesem Rahmen bestehen Stiftungen mit eigener Rechtspersönlichkeit, jedoch überwiegen unselbständige Stiftungen. Die Zwecke ähneln den oben erörterten Zielsetzungen (Errichtung und Erhaltung der Kirche, geldliche Unterstützung des Pfarrers und der Theologiestudenten, mitunter auch Finanzierung von Lehrstühlen der Theologie).

Problematisch ist der kirchliche Zweck insofern, als darunter auch solche Zielsetzungen fallen können, die im engeren Sinne nicht kirchlich-religiös sind. Es scheiden daher solche Zwecke aus, die „nur zufällig in die Hände der kirchlichen Organe gelegt werden"[36]. Mit Recht weist Gutzwiller darauf hin, daß Stiftungen, die sich auf eine konfessionell einheitlich zusammengesetzte Gemeinde erstrecken, unter dem obwaltenden Zweckgesichtspunkt, z.B. der Armenpflege, sowohl *als kirchliche* wie auch als *weltliche* erscheinen können, und daß überdies die final gemischten Stiftungen nach der überwiegenden Tendenz zu behandeln sind[37]. Aufzugreifen ist die Bemerkung von Lampert, daß gewisse Stiftungen zu kulturellen und karitativen Zwecken ebenso in das kirchliche wie das weltliche Gebiet eingebracht werden können[38].

---

erwähnt wird. Im Bereich der Evangelischen Kirche überwiegen zahlenmäßig die Pfründestiftungen.

Soweit die Kirchen auf Grund ihrer Organisationsgewalt rechtsfähige Stiftungen kirchlichen Rechts gründen, handelte es sich um Stiftungen „staatlichen" Rechts. Nach Landesrecht können die Kirchen solchen Stiftungen die staatliche Rechtsfähigkeit sogar verleihen. Wie Soergel / Neuhoff ausführen, werden sie im Anschluß „aus der staatlichen Obhut entlassen und in die der Kirchen gegeben", a.a.O., Rdn. 46.

[34] Zum Begriff des Zweckes und der Interessen der Kirche siehe Hindermann, ZSR NF 47, 1928, S. 250ff.
[35] Riemer, a.a.O., Systematischer Teil, Rdn. 189, 190.
[36] M. Gutzwiller, a.a.O., S. 599.
[37] M. Gutzwiller, a.a.O., S. 600.
[38] Lampert, Die kirchlichen Stiftungen, 1916, S. 9.

III. Die Stiftungsverfassung nach dem schweizerischen ZGB   101

Schließlich ist vom rechtsvergleichenden Standpunkt anzumerken, daß im deutschen Schrifttum die kirchlichen Stiftungen dahin erläutert werden, daß sie kulturellen und wohltätigen Zwecken *gewidmet* und einer *Kirche zugeordnet* sind[39]. Das Unterrichtswesen ist ausdrücklich hinzugefügt. Die Auslegung ist so weit gefaßt, daß fast alle Zwecke, die erfahrungsgemäß im Stiftungswesen vorzukommen pflegen, erfaßbar sind. Die Zweckbeschreibung dominiert gegenüber der organisatorischen Qualifizierung. Denn vorausgesetzt wird in jedem Falle dennoch, daß die Ziele einer Kirche oder ihren Organisationen zugeordnet werden.

d) Die Personalfürsorgestiftung

Die genannten Wohlfahrtseinrichtungen für das Personal wurden durch das Bundesgesetz betreffend die Ergänzung des Dienstvertrags- und des Stiftungsrechts vom 21. März 1958 geschaffen. Rechtsgrundlagen sind Art. 343bis (neu) des schweizerischen Obligationenrechts und Art. 89bis des schweizerischen Zivilgesetzbuches. Die doppelte Fundamentierung beruht auf der Kombinierung von Dienstvertrags- und Stiftungsrecht. Die Personalfürsorgestiftung ist der Pensionsversicherung, die hauptsächlich von Pensionskassen betrieben wird, ähnlich. Es handelt sich bei dieser Vorsorge um eine besondere Art der Rentenversicherung[40]. Hiervon ist der Begriff der Personalfürsorgestiftung dadurch abzugrenzen, daß diese durch eine Stiftung oder Genossenschaft errichtet werden. Im vorliegenden Zusammenhange interessiert nur die Stiftung, die auf einer erkennbaren *Widmung des „Dienstherren"* zugunsten seiner „Dienstpflichtigen" fußt. Der *Arbeitgeber* scheidet im Interesse seiner Arbeitnehmer Vermögensteile zu Wohlfahrtszwecken aus seinem Vermögen aus und überträgt sie auf die Stiftung in zweckgebundener Weise. Das Gesetz legt die Zuwendungen in einer allgemein gehaltenen Formulierung auf Wohlfahrtszwecke fest, ohne einzelne Tatbestände anzugeben. Nach dem Sinn der Institution ist der Zweck in der Behebung von Notlagen durch Daseinsvorsorge für den Betroffenen oder seine Angehörigen zu erblicken, so insbesondere im Falle der Erkrankung und Invalidität sowie des Alters und Todes. Es geht hierbei um die Sicherung der Existenz der Destinatäre[41].

Das Gesetz sieht die Möglichkeit vor, daß auch der *Arbeitnehmer* Beiträge leistet, die in das Stiftungsvermögen fließen. Sofern er solche entrichtet hat, steht ihm ein Anspruch gegen die Stiftung auf Leistung zu. Hiervon unabhängig richtet es sich nach den Stiftungsbestimmungen, ob der Begünstigte

---

[39] Staudinger / Coing, a.a.O., Vorbemerkungen zu § 80 - 88, Rdn. 6.
[40] Zur Pensionsversicherung siehe H. Eichler, Versicherungsrecht, 2. Aufl. 1976, S. 302.
[41] M. Gutzwiller, a.a.O., S. 608, Anm. 29, unter Hinweis auf BGE 75, I, 1949, S. 271.

einen Rechtsanspruch auf entsprechende Leistungen hat. In jedem Falle ist der Arbeitgeber verpflichtet, dem Arbeitnehmer über die Ansprüche, die ihm auf Grund der oben erwähnten Widmung zustehen, die erforderliche Auskunft zu erteilen. Tritt der Fall ein, daß der Arbeitnehmer nicht in den Genuß der Wohlfahrtseinrichtung gelangt, so ist ihm bei Auflösung des Dienstverhältnisses mindestens die Summe der von ihm geleisteten Beiträge zu erstatten[42]. Das Gesetz regelt die Organisation im einzelnen nicht. Es wird nur festgelegt, daß die Arbeitnehmer mindestens nach Maßgabe ihrer Beiträge an der Verwaltung zu beteiligen sind[43]. Die Beitragspflicht des Begünstigten setzt einen entsprechenden Vertrag zwischen *Arbeitgeber und Arbeitnehmer* voraus, in dem einerseits die künftige Verpflichtung der Personalfürsorgestiftung und andererseits die Beitragspflicht des Stiftungsbegünstigten geregelt werden. Von dieser Übereinkunft ist der sog. *"Vorsorgevertrag"*, der später zwischen *einer Personalfürsorgestiftung* in engem Zusammenhange mit dem Arbeitsvertrag abgeschlossen wird[44]. Von beiden Vertragsarten ist die einseitige Regelung des beschriebenen Verhältnisses durch die Stiftungsurkunde oder einen Vertrag, der lediglich die Personalfürsorgestiftung, nicht aber den Destinatär verpflichtet, zu unterscheiden. Die Rechtsbeziehungen zwischen dem Stifter und der Stiftung regelt das Gesetz in Art. 331 I, OR und Art. 89 IV, ZGB. Im übrigen ist für dieses Verhältnis die Stiftungsurkunde maßgebend, evtl. das Stiftungsreglement. Abgesehen von dem in der Stiftungsurkunde festgelegten Kapital kann sich der Stifter darüber hinaus verpflichten, später wiederkehrende Leistungen an die Stiftung zu entrichten. Die Übernahme einer derartigen Verpflichtung gehört noch zum Inhalt der ursprünglichen Widmung.

Die Beziehungen zwischen dem Arbeitgeber und Arbeitnehmer bleiben außerhalb der stiftungsrechtlichen Beurteilung, weil sie allein auf dem Arbeitsvertrag beruhen, woraus allerdings Verpflichtungen des Arbeitgebers gegenüber den Arbeitnehmern zu Zahlungen an die Stiftung hervorgehen können. Diese wird solchenfalls als Begünstigter im Sinne eines Vertrages zugunsten Dritter unmittelbar berechtigt. Die gleiche Konstruktion gilt für die Verpflichtung des Arbeitnehmers zur Zahlung eines Beitrages, wenn die Personalfürsorgestiftung paritätisch im Sinne des Gesetzes aufgebaut ist.

Der Partner eines solchen Vertrages kann auch ein Versicherer sein, wenn die Personalfürsorgestiftung die in Rede stehenden Risiken unter Versicherung bringen will[45].

---

[42] Art. 343bis, III, Obligationenrecht.
[43] Art. 89bis, III ZGB.
[44] Riemer, a.a.O., Systematischer Teil, Rdn. 340.
[45] Zu den Versicherungseinrichtungen, die auch Versicherungsstiftungen genannt werden, siehe besonders Riemer, a.a.O., Rdn. 323 ff. Unterschieden wird zwischen der autonomen Pensionskasse und dem Gruppenversicherungsvertrag.

III. Die Stiftungsverfassung nach dem schweizerischen ZGB

e) Die Verwaltung der Stiftungen

1. *Organisationsformen im allgemeinen*

Erst nach dem Aufbau eines Systems der Stiftungen ist es möglich, die Organisation (Art. 83 ZGB) an die verschiedenen Typen anzupassen. Im Vordergrunde steht die rechtsfähige Stiftung zu „idealen Zwecken". Eine Mischung entsteht dadurch, daß eine organische Verbindung stattfindet, so wenn eine Familienstiftung mit einer kirchlichen Stiftung verbunden oder wenn eine Personalfürsorgestiftung mit einer Familienstiftung kombiniert wird. Prinzipiell gelten die Rechtssätze, die für die Verfassungsorgane der Stiftung entwickelt sind, allgemein. Eine Sonderstellung nehmen von vornherein die sog. unselbständigen Stiftungen ein, die später behandelt werden. Die Stiftungsverfassung ist *nicht körperschaftlich* strukturiert. Dennoch sind körperschaftliche Elemente in die Ordnung der Stiftung eingedrungen. So bringen Präsentationsrechte, die bei der Besetzung von Vorstandsstellen geltend gemacht werden können, einen körperschaftlichen Zug in die Organisationsform des Stiftungswesens hinein. Aus der Regelung der Personalfürsorgestiftungen ist als Beispiel anzuführen, daß die Arbeitnehmer ihre Vertretung aus dem Personal zu wählen haben. Unter den Voraussetzungen des Art. 83 II, ZGB sind nämlich die Arbeitnehmer an der Verwaltung der Stiftung zu beteiligen. Wie schon erwähnt, kann auch der Stifter selbst an der Verwaltung teilnehmen. Wenn mehrere Stifter eine gemeinschaftliche Stiftung errichten, läßt sich nach schweizerischem Recht ihre Versammlung (sog. *Stifterversammlung*) als Organ vorstellen. Eine derartige Organisation ist von einem Stifterverband zu unterscheiden, der nach dem Vorbilde des Vereins konstruiert ist (Organe sind nämlich die Mitgliederversammlung, der Vorstand, das Kuratorium und die Hauptverwaltung)[46]. In ähnlicher Weise können die *Destinatäre* eine entsprechende *Versammlung* bilden. Das Gesetz sieht allerdings eine solche Einrichtung nicht als Organ der Stiftung an. Eine derartige Repräsentation setzt daher eine entsprechende Anordnung des Stifters voraus. Zulässig ist sie nur unter der Bedingung, daß der Kreis der Destinatäre eindeutig feststeht, d. h. nach seinen entsprechenden Merkmalen genau umrissen wird. Ferner ist erforderlich, daß der *Geschäftskreis des „Organs" der Destinatärversammlung* in allen Einzelheiten so festgelegt wird, daß eine Anmaßung anderer Kompetenzen von vornherein ausgeschlossen wird. Derartige Einschränkungen sind unbedingt erforderlich, damit die vorgeschriebene Stiftungsorganisation von der Seite der Begünstigten nicht entmachtet wird. Denn es liegt nahe, daß sie ihre eigenen Interessen vor den Stiftungszweck stellen. Nach schweizerischem Recht können

---

[46] Siehe hierzu § 6 der Satzung des Stifterverbandes für die Deutsche Wissenschaft. Die Mittel werden aufgebracht durch Mitgliedsbeiträge, Sammlungen, Stiftungen, Sachspenden, letztwillige Verfügungen u. a. (§ 3).

außer den Destinatären und Stiftern sogar „Gönnern"[47], die Stellung eines Stiftungsorgans übertragen werden, was allerdings einigen Bedenken unterliegt. Es wird sogar für möglich erachtet, daß die Destinatärversammlung durch Statuten geschaffen wird, sei es als Voll- oder Delegiertenversammlung, und zwar mit der Konsequenz, daß sie das *einzige* Organ der Stiftung ist. Hiergegen spricht, daß dadurch die Stiftung unter eine körperschaftliche Organisation gebracht wird, weil die Destinatäre nach dem Vorbilde einer Mitgliederversammlung abstimmen. In diesem Zusammenhange ist zu bemerken, daß die Destinatäre nach dem Gesetz weder Mitglieder sind noch zu den Organen der Stiftung zählen. Die Frage ihrer organschaftlichen Mitwirkung ist von der anderen zu trennen, ob den Begünstigten Ansprüche auf die Stiftungsleistung eingeräumt werden können. In dieser Hinsicht kommt in Betracht, daß die Rechtsstellung der Genannten *mitgliedsähnlich*[48] ist. Es geht dabei um die rechtsdogmatische Beurteilung des Zuwendungsversprechens und um die Empfänger, nicht aber ihre Beteiligung an den Beschlüssen der Stiftung als Organe.

Im ganzen gesehen ist der Stifter in der Lage, den Organen einen engeren oder weiteren Spielraum einzuräumen. Das gleiche gilt entsprechend für die Rechtsstellung der begünstigten Personen.

2. Die unselbständigen Stiftungen im BGB und ZGB

Es ist anerkannt, daß sich die sog. „unselbständigen" Stiftungen von der im BGB zugrundegelegten Art dadurch unterscheiden, daß sie nicht rechtsfähig sind; dies geht aus der oben aufgestellten Systematik hervor. Dessenungeachtet wird häufig ein zweckbestimmtes Vermögen in Stiftungsabsicht übertragen, ohne daß die Verselbständigung stattfindet. Die Stiftung ist daher solchenfalls nicht rechtsfähig. Der Erwerber ist in den meisten Fällen eine juristische Person, etwa eine Gemeinde, Kirchengemeinde, Universität oder der Staat. Nach der typischen Ausdrucksweise werden die Rechtsträger als „Treuhänder" bezeichnet (siehe oben), weil das übertragene Vermögen wie ein *anvertrautes* behandelt wird. Dem Rechtsgeschäft ist nämlich eine „Auflage" beigefügt, nach der jenes Vermögen unter einen vom Stifter festgelegten Zweck gestellt wird. Obwohl keine rechtsfähige Stiftung vorliegt, wird der „Widmer" „als Stifter" und die zu errichtende Institution als Stiftung bezeichnet. Es waltet hier oft die Vorstellung ob, das

---

[47] Riemer, a.a.O., Systematischer Teil, Rdn. 37 ff., wo das Verhältnis zwischen Destinatären und Stiftung einerseits und zwischen Stifter und Stiftung andererseits getrennt werden. Die Tendenz ist darauf gerichtet, das körperschaftliche Element, daß bei Personalfürsorgestiftungen statutarisch erweitert werden kann, auch auf andere Stiftungen auszudehnen. Der Vorstand ist im Rahmen von Satzungen nur insoweit zuständig als die Ermächtigung des Stifters reicht.

[48] Eichler, Personenrecht, a.a.O.

III. Die Stiftungsverfassung nach dem schweizerischen ZGB

Zugewandte werde vom Empfänger als ein *Sondervermögen* verwaltet, das von seinem sonstigen Vermögen getrennt gehalten wird, obwohl er durch die Übertragung das Eigentum erlangt hat.

Die sog. unselbständige Stiftung bringt das Risiko mit sich, daß die betraute Person jene Auflage nicht erfüllt, oder daß sich die Organisation sogar als ungeeignet erweist[49].

Der Stifter setzt sich diesem Risiko in der Erwartung aus, daß das „Sondervermögen" von der Vertrauensperson zweckentsprechend sorgfältig verwaltet wird. Hierin kommt der Grundgedanke einer Anlehnung an Institutionen der öffentlichen Verwaltung, die als Rechtsträger auftreten, zum Ausdruck. Die unselbständige Stiftung findet gleichsam ihr „Unterkommen" bei einer juristischen Person der bezeichneten Art. Es handelt sich dabei nicht um den Fall, daß die Verwaltung der Stiftung gemäß § 86 BGB von einer öffentlichen Behörde geführt wird, und zwar dadurch, daß der Stifter sie zum Stiftungsorgan beruft, denn diese Vorschrift bezieht sich auf die rechtsfähige Stiftung. Diese wird in manchen Gesetzen dahin definiert, daß der Stifter Vermögenswerte mit Rücksicht auf einen dauerhaften uneigennützigen Zweck, einem anderen überträgt, der ihn treuhänderisch erfüllt[50]. Der Grundgedanke, daß die Stiftung eine Art Treuhandgeschäft zwischen dem Stifter und dem Rechtsträger ist, hat seine *besondere* Anwendung im Bereich der *unselbständigen Stiftungen* erfahren.

Ein Formularbeispiel, das der Errichtung einer nichtrechtsfähigen Stiftung gilt, mag die Konstruktion veranschaulichen[51]. Der Stifter überträgt in diesem Falle einer Universität als eine nichtrechtsfähige Stiftung eine bestimmte Zahl von Aktien der AG X zum Nennbetrag von ..., die eine Bank in Verwahrung nimmt. Die Bank führt die Universität von einem festgelegten Zeitpunkt an als Eigentümerin der Aktien der genannten Aktiengesellschaft. Die Universität nimmt die Stiftung ausdrücklich an und verpflichtet sich in derselben Urkunde, aus den Aktienerträgen laufende Beihilfen zu gewähren, und zwar zur Förderung „von Untersuchungen und Veröffentlichungen" auf einem umrissenen, wissenschaftlichen Gebiet.

---

[49] Zum System der Stiftungen siehe Ebersbach, a.a.O., S. 22 ff., wo die „nichtrechtsfähigen" Stiftungen mit den *unselbständigen* oder *fiduziarischen* identifiziert werden. Da der unselbständigen Stiftung keine Rechtspersönlichkeit innewohnt, braucht sie stets einen Rechtsträger, der ihre Rechte und Pflichten wahrnimmt. Die nichtrechtsfähige Stiftung entsteht durch den im Text geschilderten Übertragungsvorgang. Ihr Zweck ist dauernd. Es werden nichtrechtsfähige Stiftungen des Privatrechts und des öffentlichen Rechts unterschieden. Die letzten sind keine selbständigen Verwaltungsträger. Es wird hier von einem „Muttergemeinwesen" gesprochen. Siehe ferner Larenz, Allgemeiner Teil des deutschen Bürgerlichen Rechts, 5. Aufl., § 11, der hierbei auf die Stipendienstiftung eingeht. Es handelt sich um Kapitalzuwendungen an Universitäten meist durch Vermächtnisse, mit der Auflage, aus den Erträgen Stipendien zu vergeben oder wissenschaftliche Vorhaben zu fördern.

[50] § 2, II des Nordrhein-Westfälischen Stiftungsgesetzes.

[51] Ebersbach, a.a.O., S. 1159.

Die Verwaltung der Stiftung wird einem Institutsleiter eingeräumt, der dem aus drei Personen bestehenden Kuratorium vorsteht. Das Gremium hat über die Verteilung der Beihilfen nach bestimmten Richtlinien zu befinden. Es folgen Vorschriften über die Unmöglichkeit des Stiftungszweckes und einer hierdurch eintretenden Stiftungsauflösung sowie der späteren Verwaltung des Restvermögens.

Die Stiftungserrichtung ist sowohl vom Stifter als auch dem vertretungsberechtigten Universitätsorgan unterzeichnet[52]. Der Text läßt erkennen, daß die Stiftung zwar nicht rechtsfähig ist, daß aber dennoch eine Widmung, verbunden mit einer Zweckbestimmung und eine Verwaltung nach Art der gewöhnlichen rechtsfähigen Stiftung, erfolgt.

3. Überleitung zum ZGB

Auch derartige Zuwendungen werden im Stiftungssprachgebrauch folglich als Stiftungen hingestellt, obwohl ein Mangel am Tatbestand vorliegt, weil das Merkmal der Rechtsfähigkeit fehlt. Daher ist stets zu prüfen, ob eine rechtsfähige oder fiduziarische (nicht rechtsfähige) Stiftung[53] gegeben ist. Der Ausdruck „unselbständig" ist anscheinend mehrdeutig, besagt er doch sowohl, daß die Stiftung sich lediglich an einen *Treuhänder* anlehnt, der als Rechtsträger auftritt, als auch, daß sie, im Gesamtsystem gesehen, nicht rechtsfähig ist, weil der Stifter diesen Weg einer rechtsfähigen Gründung vorzieht. Hervorzuheben ist, daß eine unselbständige Stiftung, die von vornherein in eine Schenkung unter Auflage eingekleidet ist, dennoch eine „echte Stiftung" sein kann[54]. Der großzügigen Auslegung, die sich auf das schweizerische Recht bezieht, wird zugestimmt[55]. Gutzwiller hat den Standpunkt eingenommen, daß neben den „eigentlichen" Stiftungen, die er als formalisierte bezeichnet, auch die „freien" als solche anerkannt werden sollen. Ihrer eigenartigen Rechtsnatur entspricht eine Auslegung sui generis. Hiermit wird die analoge Anwendung der Vorschriften des bürgerlichen Rechts über rechtsfähige Stiftungen auf die sog. unselbständigen Stiftungen programmatisch de lege ferenda angebahnt. Zu bemerken ist, daß mehr als die Hälfte aller Stiftungen in dem Sinne unselbständig ist, daß sie nicht rechtsfähig sind.

In der schweizerischen Kommentarliteratur werden unselbständige Stiftungen dogmatisch gesondert von den übrigen Erscheinungsformen aus-

---

[52] Ebersbach, a.a.O., S. 1159.
[53] Soergel / Neuhoff, Vor § 80, Rdn. 23; Pleimes, Irrwege der Dogmatik im Stiftungsrecht, S. 92 - 96; Bächstädt, Die unselbständige Stiftung des Privatrechts, Diss. Göttingen 1966.
[54] M. Gutzwiller, a.a.O., S. 612 ff.
[55] M. Gutzwiller, a.a.O., S. 613.

III. Die Stiftungsverfassung nach dem schweizerischen ZGB

führlich behandelt[56]. Der bereits hervorgehobene Ausgangspunkt ist, daß sich diese Sondervermögen durch die ihnen fehlende Rechtsfähigkeit von dem Grundtypus unterscheiden. Betont wird, daß weder das Zivilgesetzbuch noch das Obligationenrecht systematisch das Phänomen der unselbständigen Stiftung einordnen. Allerdings spricht Art. 62 ZGB von Vereinen ohne Persönlichkeit, die den einfachen Gesellschaften gleichgestellt werden, solange sie noch nicht rechtsfähig sind.

Riemer stellt die Frage, warum unselbständige Stiftungen im Rechtsleben von weittragender Bedeutung sind, obwohl sie der Gesetzgeber ungeregelt gelassen hat. Hierauf ist zu antworten, daß sie auch ohne Positivierung insofern rechtlich relevant sind, als das Stiftungsrecht des Bundesprivatrechts *analog anwendbar* ist. Riemer selbst hat diese Untersuchung von Bestimmung zu Bestimmung unter gründlicher Abwägung aller Gründe und Gegengründe in anerkennenswerter Weise durchgeführt[57]. Sein Ausgangspunkt ist, daß die unselbständigen Stiftungen den positivrechtlichen Vorbildern sehr ähnlich sind, woraus sich vom rechtspolitischen Standpunkt – wie oben bemerkt – die Notwendigkeit ergibt, eine besondere Kategorie zu schaffen. Im Gesetzbuch sind einige Vorschriften vorhanden, die als Tatbestände unselbständiger Stiftungen angesehen werden. In terminologischer Hinsicht ist zu bemerken, daß unselbständige Stiftungen als „Zustiftungen" benannt werden, wenn der Rechtsträger eine selbständige Stiftung ist[58]. Jene werden auch mit dem Begriff Fonds in Verbindung gebracht. Spezialfonds sind Zuwendungen an den Bund unter Verwendungsauflage. Derartige Auflagen sind einer besonderen Art von Rechtsgeschäften eigentümlich. Es gibt kein besonderes Rechtsgeschäft, auf dem die unselbständige Stiftung aufgebaut ist[59]. Im allgemeinen kommen hierfür nur unentgeltliche Zuwendungen in Betracht. Deshalb werden aufgezählt: Schenkungen unter Auflagen (Zweckschenkungen) und Sammelvermögen. Dazwischen befinden sich sog. gemischte Schenkungen. Schließlich werden Verfügungen von Todes wegen, die unter Auflage gestellt sind, einbezogen. Eine Sonderstellung nehmen die Aufträge und fiduziarischen Rechtsgeschäfte nur ein, weil sie der Erläuterung der Treuhand dienen[60]. In der Systematik werden Stiftungen unter dem Gesichtspunkt der Auflage und der Trägerperson zusammengefaßt. Dies wird an dem Beispiele anschaulich gemacht, daß der Eidgenossenschaft eine Schenkung zuteil wird, die mit der Auflage behaftet ist, Werte der bildenden Kunst anzuschaffen[61]. Überall, wo von unselbständi-

---

[56] Riemer, a.a.O., Systematischer Teil, Rdn. 417ff.
[57] Riemer, a.a.O., Rdn. 419ff.
[58] Riemer, a.a.O., Rdn. 418.
[59] Riemer, a.a.O., Rdn. 419.
[60] Riemer, a.a.O., Rdn. 421ff.; Egger, N 2 zu Art. 80.
[61] Riemer, a.a.O., Rdn. 424.

gen Stiftungen die Rede ist, sind ideale Zwecke zu erfüllen. Jedoch wird die Analogie zu den fiduziarischen Geschäften abgelehnt.

In dem Kapitel „Aufträge" wird nämlich die Problematik der fiduziarischen Geschäfte erörtert. „Liegen mithin bei Schenkungen ... keine wirklichen Auftrags- bzw. Treuhandverhältnisse vor, so ist es auch ganz unzutreffend, die Trägerpersonen von unselbständigen Stiftungen als „Fiduziare" ... zu bezeichnen". „Der Träger einer unselbständigen Stiftung ist, bei allem Vertrauen, das der „Stifter" ihm entgegenbringen wird, *nicht bloß Fiduziar*, und er hat auch *nicht bloß fiduziarische Rechte* am betreffenden Sondervermögen, denn dessen Entstehung geht nicht auf ein fiduziarisches Rechtsgeschäft zurück"[62].

4. Die Analogie

Was die analoge Anwendung des Stiftungsrechts betrifft, so liegt bereits im Ausgangspunkt keine Widmung im rechtstechnischen Sinne vor. Die Eintragung in das Handelsregister ist unzulässig. Wie auch die „abhängige" Stiftung gestaltet ist, stets muß der Stifterwille beachtet werden, d.h. eine Garantie gegeben sein, daß das Vermögen zweckgemäß verwendet wird[63]. Stiftungen, die als unselbständige von einer anderen Person zu verwalten sind, unterliegen rechtlich nicht der Stiftungsaufsicht. Dieser Grundsatz kommt aber nicht zur Anwendung, wenn der Rechtsträger der Stiftung eine juristische Person des öffentlichen Rechts ist[64].

In einem anderen Zusammenhange (Art. 81, Rdn. 81) tritt Riemer der Ansicht entgegen, daß die nicht eingetragene Stiftung auch als „Dauerzustand und Endziel" bestehen könne. Zur Begründung wird in erster Linie angeführt, daß die gesetzlichen Errichtungserfordernisse nicht erfüllt seien, und daß das Gesetz unvollendete Stiftungen nicht anerkenne.

Rechtspolitische Bestrebungen sind darauf gerichtet, der weit verbreiteten Erscheinung der „Freien Stiftung" im Gesetz einen Platz zu verschaffen, und zwar durch dogmatische Weiterentwicklung des Grundgedankens des „Stiftens" und des Zweckes, der auf soziale Förderung ausgerichtet ist. Berechtigt sind allerdings die Zweifel, die hinsichtlich der *Grundgeschäfte* geäußert werden, die der unselbständigen Stiftung zugrundeliegen. In einer personenrechtlichen Auseinandersetzung sollten indes Anknüpfungen an schuldrechtliche und sachenrechtliche Institutionen möglichst reduziert werden, denn die Analyse konzentriert sich in rechtsgrundsätzlicher Hinsicht auf die personenrechtliche Einrichtung der Stiftung, in der immer a priori die „causa" enthalten ist.

---

[62] Riemer, a.a.O., Rdn. 433, 435.
[63] Riemer, a.a.O., Systematischer Teil, Rdn. 443 ff.; siehe auch Rdn. 442.
[64] Riemer, a.a.O., Systematischer Teil, Rdn. 444.

f) Die Behindertengruppe als Stiftungsbegünstigte

Die gruppenmäßige Zusammenfassung von Personen, die auf Grund bestimmter Eigenschaften durch Stiftungen begünstigt werden, erfordert Einrichtungen und Veranstaltungen zum Zwecke gemeinschaftlicher Betreuung. In der Schweiz haben sich aus örtlichen Traditionen vielfältige Arten solcher Institutionen entwickelt. Ihre Bezeichnung ist uneinheitlich. Bald sind es Hospitäler, Krankenhäuser und Sanatorien, bald sind es Heime, Kinderdörfer usw. Oft stehen sie mit Vereinen, Anstalten und *Stiftungen* vom Zwecke her gesehen in Verbindung. Hierher gehören Taubstummenanstalten und Blindenvereine. In diesem Rahmen haben sich im Laufe der Zeit eigenständige Gruppen von Behinderten herausgebildet. Die *Stiftung für Taubblinde* stellt sich in den Dienst der von Geburt an Taubblinden. In diesen Fällen handelt es sich um ein Zusammentreffen von Hör- und Sehschädigung. Der entsprechenden Früherziehung der in ihrer Entfaltung behinderten Kinder stellen sich Aufgaben, die durch eine Betreuung in Heimen erfüllt werden. Nebeneinander bestehen verschiedene Systeme der Kommunikation, die darauf gerichtet sind, die taubblinden Kinder mit ihrer Umgebung vertraut zu machen und den Mindesterfordernissen des gesellschaftlichen Zusammenlebens anzupassen. Es geht hierbei um die Anwendung der in der Schweiz weiterentwickelten „Taubblindenpädagogik". Dem angedeuteten Ziel dient die Stiftung für Taubblinde, die in den Jahren 1970 - 1975[65] eröffnet wurde. Die Einrichtung besteht aus dem Sonderschulheim „Tanne" und dem Wohn- und Arbeitsheim „Lärche" in Zürich. Die persönliche Förderung der Kinder strebt eine heilpädagogische Betreuung auf die Dauer des ganzen Lebens an.

---

[65] Bericht der NZZ vom 19. November 1985, S. 37.

Literaturverzeichnis

Ackermann, J.: Der besondere Zweck der Stiftung unter besonderer Berücksichtigung des Zweckes der Familienstiftung, Diss. Fribourg/Schweiz 1950.

Aicher / Rummel: Kommentar zum Allgemeinen bürgerlichen Gesetzbuch, Wien 1983.

Apel, Th.: Stadt und Kirche im mittelalterlichen Marburg, in: ZRG kan. Abt. 12, 1922, S. 222 - 329, hier bes. S. 254 ff. u. 287 ff.

Ascarelli: Personalità giuridica e problemi della società, Problemi giuridici, I, Milano 1959, S. 233 ff.

Bächstädt: Die unselbständige Stiftung des Privatrechts, Diss. Göttingen 1966.

Ballerstedt / Salzwedel: Soll das Stiftungsrecht bundesgesetzlich vereinheitlicht werden . . .?, 44. DJT, Bd. I, 1962.

Bär, R.: Aktuelle Fragen des Aktienrechts, in: ZSR 85, 1966, II, S. 321 ff., 530 ff.

Baernreither: Über das Vermögensrecht der geistlichen Orden und ihrer Mitglieder, Allgem. österr. Gerichtszeitung, 1882.

Bartholomeyczik, H.: Die Anfechtung der Stimmabgabe zum Körperschaftsbeschluß, AcP 144, 1938, S. 281 ff.

Baumann, W.: Die rechtliche Stellung der zürcherischen Landspitäler, Winterthur 1959.

Behrend, F. H.: Die Stiftung nach deutschem bürgerlichem Recht, Marburg 1904.

— Gibt es im geltenden Recht „milde Stiftungen"?, Archiv f. öffentliches Recht, N. F. Bd. 6, 1924.

Beinhauer, G., in: „Neuhoff / Pavel" (Hrsg.), Stiftungen in Europa, Abschnitt Österreich, 1971.

— Das österreichische Stiftungsrecht, ÖJZ, Jahrg. 27, Heft 14/15.

— Der gegenwärtige Stand des österreichischen Stiftungsrechts, Österreichisches Verwaltungsarchiv, 1978, Heft 5/6.

— Die Unternehmensstiftung, „Der Gesellschafter" Nr. 481, 1981.

Beitzke: Konzessionssystem, Normativbestimmungen und freie Körperschaftsbildung, ZHR 108, 32.

Bellen, A. van der: Fondswirtschaft in Österreich, Wien 1968.

Betti, E.: Diritto Romano I. parte generale, 1935.

Bieback, K. J.: Die öffentliche Körperschaft, Schriften zum öffentlichen Recht, Band 286, 1976, zur Analyse siehe S. 460 ff.

Biebricher, K.: Die Vereinsgewalt der Berufsverbände gegen ihre Mitglieder, 1930.

Biondi: Instituzioni di Diritto Romano, 4. Aufl., Milano 1965.

Bley: Die Universitätskörperschaft als Vermögensträger, 1963.

Bloch, K.: Die Ansprüche der Begünstigten einer Familienstiftung, in: SJZ 1947, S. 71 ff.

Böckenförde: Die Bedeutung der Unterscheidung von Staat und Gesellschaft im demokratischen Sozialstaat der Gegenwart, FS für Hefermehl, 1972, S. 1 ff.

— Organ, Organisation, Juristische Person, in: FS H. J. Wolff, 1974, S. 269.

Boehmer, G.: Grundlagen der bürgerlichen Rechtsordnung, 1. Buch, Das bürgerliche Recht als Teilgebiet der Gesamtrechtsordnung, Tübingen 1950.

Bolkestein, H.: Wohltätigkeit und Armenpflege im vorchristlichen Altertum, Utrecht 1939.

Boshof, Eugen: Untersuchungen zur Armenfürsorge im fränkischen Reich des 9. Jahrhunderts, in: Archiv für Kulturgeschichte, 58/2, 1976, S. 280 ff.

Brauneder, W.: Gesellschaft – Gemeinschaft – Gütergemeinschaft, in: Forschungsband Franz von Zeiller, Wien, Graz, Köln 1980.

Brecher, F.: Subjekt und Verband, in: FS Hueck, 1959, S. 233.

Brox, H.: Allgemeiner Teil des bürgerlichen Gesetzbuches, 3. Aufl., 1979.

Buchda, G.: Geschichte und Kritik der modernen Gesamthandslehre, 1936.

Bucher, E.: Das subjektive Recht als Normsetzungsbefugnis, Tübingen 1965.

— Schweizerisches Zivilgesetzbuch, Das Personenrecht, 2. Abt., Die natürlichen Personen, Erster Teilband, Kommentar zu den Art. 11 - 26 ZGB, Bern 1976.

Bühler, Th.: Der Kampf um das Fideikommiss im 19. Jahrhundert, in: ZSR 88, 1969, I, S. 131.

Burckhardt: Die Organisation der Rechtsgemeinschaft, Basel 1927.

Burgauer, A.: Die Stiftungserrichtung verglichen mit der Schenkung, Diss. Zürich 1929.

Büttner: Identität und Kontinuität bei der Gründung juristischer Personen, 1967.

Bydlinski, F.: Juristische Methodenlehre und Rechtsbegriff, 1. Teil, II. Die Rechtsdogmatik, Wien, New York 1982, S. 13.

Canaris, C. W.: Systemdenken und Systembegriff in der Jurisprudenz, 1969.

Carbonier, J.: Droit civil, I, 4. Aufl., Personnes, Paris 1962.

Carolsfeld, Schnorr von: Geschichte der juristischen Person, I, 1933.

Castiglione / Humani: Contributo allo studio giuridico della persona, Roma 1944.

Castro y Bravo, F. de: Compendio de Derecho civil, II, Derecho de la persona, Madrid 1957.

— Formación deformación del concepto de persona juridica, in: Centenario de la ley del notario, Seccion terzera: Estudios juridicos varios, I, Madrid 1964, S. 9 - 147.

Cohn, E.: Der Grundsatz der gleichmäßigen Behandlung aller Mitglieder im Verbandsrecht, AcP 132, 1930, S. 129 ff.

Coing, H.: Der Rechtsbegriff der menschlichen Person und die Theorie der Menschenrechte, in: Beiträge zur Rechtsforschung der deutschen Landesreferate zum 3. internationalen Kongreß zur Rechtsvergleichung in London, 1950.

— Das subjektive Recht und der Rechtsschutz der Persönlichkeit, Frankfurt a. M., Berlin 1959.

- Die Bedeutung der Zweckgebundenheit bei der Auslegung von Verfügungen von Todeswegen, FS Nipperdey, I 1, 1965.
- Die Treuhand kraft privaten Rechtsgeschäfts, 1973.
- Zum Problem des sogenannten Durchgriffs bei juristischen Personen, NJW 1977, S. 1793.
- Das Privatrecht und die Probleme der Ordnung des Verbandswesens, FS Flume, I, 1978, S. 429.

Conrad, H.: Individuum und Gemeinschaft in der Privatrechtsordnung des 18. und beginnenden 19. Jahrhunderts, Karlsruhe 1956.
- Das Allgemeine Landrecht von 1794 als Grundgesetz des friderizianischen Staates, 1965.
- Deutsche Rechtsgeschichte, I, 1954, 2.Aufl. 1962, II, 1966.

Curti, E.: Die Mitgliedschaftsrechte der Vereinsmitglieder nach dem schweizerischen Zivilgesetzbuch, Züricher Beiträge, NF 181, Aarau 1952.

Dammertz, V.: Das Verfassungsrecht der benediktinischen Mönchskongregationen, 1963.

David, R.: Les grands systèmes de droit contemporains, 5. Aufl., Paris 1973.

Decocq, A.: Essai d'une théorie générale des droits sur la personne, Paris 1960.

Diederichsen: Der Allgemeine Teil des Bürgerlichen Gesetzbuches, 3. Aufl., Karlsruhe 1978.

Domat, J.: Les loix civiles dans l'ordre naturel, 1. Aufl., Paris 1689 - 1694 (zit. nach Schnizer).

Dencer, A.: Die Sulzer von Winterthur, Band 1, Winterthur 1933.

Drobnig, U., in: Nature et limites de la personnalité moral en droit allemand, in: La personnalité morale et ses limites, Etudes de droit comparé et de droit international public, Paris 1960.

Duguit: Le droit social, le droit individuel et la transformation de l'état, Paris 1911.

Ebersbach, H. J.: Handbuch des deutschen Stiftungsrechts, bes. IV. Teil, Abschnitt Mustersatzungen, 1972.
- Die Stiftung des öffentlichen Rechts, 1961.

Egger, A.: Rechtsprobleme der Familienstiftung, in: Ausgewählte Schriften und Abhandlungen, 2. Band, Zürich 1957, S. 43 ff.
- Die Freiheitsidee im schweizerischen Zivilrecht, in: Die Freiheit des Bürgers ... Fg. zur 100-Jahrfeier d. BVV Zürich, 1948.

Ehrenzweig, A.: System des österreichischen allgemeinen Privatrechts, I, 1, Allgemeiner Teil, 2. Aufl., Wien 1951.

Ehrhardt, A.: Das Corpus Christi und die Korporationen im spät-römischen Recht, in: ZRG rom. Abt. Bd. 70, S. 299, Bd. 71, S. 25 ff.

Ehwald, K.: Das Heilig-Geist-Hospital zu Frankfurt am Main, Diss. Heidelberg 1906.

Eichler, H.: Personenrecht, Wien, New York 1983.
- Versicherungsrecht, 1976, 2. Aufl.

Enneccerus / Lehmann: Recht der Schuldverhältnisse, 13. Bearbeitung, Tübingen 1950.

Enneccerus / Nipperdey: Allgemeiner Teil des Bürgerlichen Rechts, Erster Halbband, 15. Aufl., Tübingen 1959.

Erb: Sammelvermögen und Stiftung, 1971.

Erler, A.: Alle Menschen sind vor dem Gesetz gleich, 1967.

Erman u. Bearbeiter: Handkommentar zum Bürgerlichen Gesetzbuch, I u. II, 7. Aufl. 1981.

Eyermann / Fröhler: Verwaltungsgerichtsordnung, 6. Aufl., München 1974.

Ebel, W.: Geschichte der Gesetzgebung in Deutschland, Hannover 1956.

Fabricius: Die Relativität der Rechtsfähigkeit, München, Berlin 1963.

„*Familienfideikommiss*" und „*Familienstiftung*", in: Handbuch des Bank-, Geld- und Börsenwesens der Schweiz, 2. Aufl., Thun 1964, S. 268 ff.

Feine, H. E.: Ursprung, Wesen und Bedeutung des Eigenkirchentums, in: Mitteilungen des Instituts für österreichische Geschichtsforschung, Bd. 58, Graz 1950, S. 195 ff.

— Kirchliche Rechtsgeschichte, 5. Aufl., Wien 1972, S. 425.

Ferrara, F.: Diritto delle persone e di famiglia, Napoli 1941.

Fessler / Kölbl: Österreichisches Vereinsrecht, 5. Aufl. 1985.

Flossmann, U.: Österreichische Privatrechtsgeschichte, Wien, New York 1983.

Flume, W.: Die Vereinsstrafe, FS Bötticher, 1969, S. 101.

— Die werdende juristische Person, FS Geßler, 1971, S. 3.

— Gesamthandsgesellschaft und juristische Person, in: Funktionswandel der Privatrechtsinstitutionen, FS Raiser, 1974, S. 27.

— Savigny und die juristische Person, FS Wieacker, 1978, S. 340.

— Unternehmen und juristische Person, FS Beitzke, 1979, S. 43.

— Allgemeiner Teil des Bürgerlichen Rechts, I, 1. Teil, Die Personengesellschaft, 1977, 2. Teil, Die juristische Person, 1983.

Förrer, H. R.: Die Mitgliedschaft und ihre Beurkundung, Zürcher Beiträge, NF, S. 224, Aarau 1960.

Förster / Eccius: Preußisches Privatrecht, IV. Band, 6. Aufl., Berlin 1893.

Forsthoff: Verwaltungsrecht, 10. Aufl., 1973, § 25, II, 2, S. 489.

Frommhold, G.: Die Familienstiftung, AcP, Band 117.

Funk, K. G.: Die Haftung juristischer Personen für Organdelikte im französischen Privatrecht, Diss. Münster 1962.

Gampl, I.: Österreichisches Staatskirchenrecht, 1971.

Gangi, C.: Persone fisiche e Persone giuridiche, Milano 1948.

Gautsch, W.: Die Beaufsichtigung der Stiftung, in: Kapitalanlagen in der Schweiz, ZSGV 26, 1925, S. 418 ff.

Gerber, C. F. v.: System des Deutschen Privatrechts, 13. Aufl., Jena 1878.

Gerhard, F.: Die Familienstiftung nach dem ZGB, ZSR 49, 1930, S. 137 ff.

Ghestin, J.: Traité de droit civil sous la direction de J. Ghestin, Introduction générale par J. Ghestin et G. Goubeaux, Paris 1977.

Gierke, O. v.: Das Deutsche Genossenschaftsrecht, Bd. II, Berlin 1973.

— Deutsches Privatrecht I, Allgemeiner Teil und Personenrecht, 1895, Neudruck 1936.

— Der Entwurf eines bürgerlichen Gesetzbuches und das deutsche Recht, 1889.

— Das Wesen der menschlichen Verbände, 1902.

Glück: Erläuterung der Pandekten, 2, 1800.

Gmür, R.: Das schweizerische Zivilgesetzbuch verglichen mit dem deutschen BGB, Bern 1965.

Goerdeler, R.: Die Stiftung als Rechtsform für wirtschaftliche Unternehmen, ZHR 113.

Goerdeler / Ulmer: Der Stiftungszweck in der Reform des Stiftungsrechts, Die AG, 1963, S. 318 ff.

Gradauer, P.: Spital am Pyhrn in Oberösterreich. Hospital und Kollegiatstift, Pontif. Greg. Univ., Diss. Linz 1957.

Grimm, D.: Das Verhältnis von politischer und privater Freiheit bei Zeiller, in: Forschungsband Franz von Zeiller, Wien, Graz, Köln 1980, S. 94.

Groß, K.: Das Recht an der Pfründe, Graz 1887.

Gosse, R.: Das Wesen der juristischen Person des Privatrechts in Frankreich als Erscheinungsbild des Einflusses deutscher Rechtstheorien, Diss. Würzburg 1973.

Grundmann: Die Kirchengemeinde und das kirchliche Vermögensrecht, FS Smend, 1962, S. 309.

Grüninger, E.: Schenkung unter Auflage, Diss. Basel 1941, Jahrbuch 20, S. 340 ff.

Gschnitzer, Allgemeiner Teil des bürgerlichen Rechts, Wien 1966.

Guber, F. T.: Besteht in der Schweiz ein Bedürfnis nach Einführung der angelsächsischen Treuhand (trust)?, in: ZSR 73, 1956, S. 215 a ff.

Guisan, F.: La fiducie en droit suisse, in: Travaux de la semaine int. de droit, Tome V, Paris 1937, S. 93 ff.

Gutzwiller, M.: Die sogenannten internationalen Juristischen Personen, Mitteilungen der Deutschen Gesellschaft für Völkerrecht 12, 1933, S. 116 ff.

— Besprechung des Berner Kommentars zum schweizerischen Zivilgesetzbuch I, ZSR 81, 1962, S. 141 ff.

— Zürcher Kommentar, Band V/6; 1. Halbband OR 828 - 878, 2. Halbband OR 879 - 926.

— Die Stiftungen, in: Schweizerisches Privatrecht II, Basel 1967.

— Das Recht der Verbandsperson, in: Schweizerisches Privatrecht II, Hrsg. Max Gutzwiller, Basel, Stuttgart 1967.

Guyenot, J.: La responsabilité des personnes morales publiques et privées, Paris 1959.

Habscheid, J.: Der nichtrechtsfähige Verein zwischen juristischer Person und Gesellschaft, AcP, 155, S. 375 ff.

Haff: Grundlagen einer Körperschaftslehre, 1915.

— Institutionen der Persönlichkeitslehre und des Körperschaftsrechts, 1918.

Häfelin: Die Rechtspersönlichkeit des Staates, 1. Teil: Dogmengeschichtliche Darstellung, 1959.

Hagemann, H. R.: Die Stellung der Piae causae..., Basel 1953.

— Rev. international des droits de l'antiquité, III, 3, 1956.

Hanstein, H.: Ordensrecht, 1953.

Harrasowsky, H. Ph. v.: Geschichte der Codification des österreichischen Civilrechts, Wien 1868.

— Der Codex Theresianus und seine Umarbeitungen, 1884 - 1886.

Hattenhauer, H.: Grundbegriffe des bürgerlichen Rechts, München 1982.

Hattenhauer / Bernert: Allgemeines Landrecht für die Preußischen Staaten, Frankfurt a. M., Berlin 1970.

Hattenhauer / Buschmann: Privatrechtsgeschichte der Neuzeit mit Übersetzungen, München 1967.

Hauck, A.: Kirchengeschichte Deutschlands, IV, 6. Aufl. 1953.

— Artikel: Wohltätige Anstalten, in: Realenz. für protestantische Theologie und Kirche, 3. Aufl., Bd. 29, S. 435 ff.

Hauriou, M.: La théorie de l'institution et la fondation, Cahiers des la nouvelle journée, 1925.

Hedemann, J. W.: Ausstoßung aus dem Verein, Arch. Bürgerliches Recht, 38, S. 132 ff.

Heini, A.: Rundgang durch das schweizerische Genossenschaftsrecht, Zeitschrift für das Genossenschaftswesen, 10, 1960, S. 191.

— Die Vereine, in: Schweizerisches Privatrecht, Bd. II, Basel 1967.

Herrnritt, R. H. v.: Das österreichische Stiftungsrecht, 1896.

Herzer, B.: Erbrechtliche Auflagen und Bedingungen nach Art. 482 ZGB, Diss. Zürich 1941.

Heusler, A.: Institutionen des Deutschen Privatrechts, I, 1885, II, 1886.

— Zur Lehre von der juristischen Person, ZSR, NF 8.

Hilpert, J. W.: Geschichte ... des protestantischen Kirchenvermögens der Stadt Nürnberg, Nürnberg 1848.

Hindemann: Der Stiftungszweck, ZSR 1928, S. 225 ff.

Hinschius, P.: Milde Stiftungen, in: Reallexikon, hrsg. v. Holtzendorff, III, S. 79 ff.

Hölder, E.: Natürliche und juristische Personen, Leipzig 1905.

Hörste, Meyer zu: Die Familienstiftung als Technik der Vermögensvereinigung, Diss. Göttingen 1976.

Huber, E.: Eintritt und Austritt von Mitgliedern einer Gemeinschaft, ZSR 40, 1921, S. 5 ff.

— Schweizerisches Recht und deutsches Recht, in: Hattenhauer / Buschmann, Privatrechtsgeschichte der Neuzeit mit Übersetzungen, München 1967.

— „Zehn Vorträge", zit. nach Riemer, Berner Kommentar V/3, Systematischer Teil, Bern 1975, S. 50.

Huber, E. R.: Wirtschaftsverwaltungsrecht, I, 1953, S. 531 ff.

Huber, H. G.: Die Rechtsnatur der Unterbeteiligung, in: SJZ 68, 1972, S. 281 ff.

Hübner, H.: Allgemeiner Teil des Bürgerlichen Gesetzbuches, 1985.

Hübner, R.: Grundzüge des Deutschen Privatrechts, IV. Aufl., Leipzig, Erlangen 1922.

Hugo, G.: Lehrbuch des Naturrechts als einer Philosophie des positiven Rechtes, Berlin 1798.

Husserl: Rechtssubjekt und Rechtsperson, AcP 127, S. 129.

Ihering, v.: Der Zweck im Recht, I, Leipzig 1877.

Imbert, J.: Les hospitaux en droit canonique. L'Eglise et l'Etat au m.a. 8, Paris 1947, RHE 43, S. 326.

Jenny, K.: Fideikommiss und Erbrecht, Diss. Basel 1956, Jahrbuch 35, 1956, S. 172.

Jetter, D.: Geschichte des Hospitals, Band 4, Spanien von den Anfängen bis um 1500, Wiesbaden 1980.

John, U.: Die organisierte Rechtsperson, Schriften zum Bürgerlichen Recht, Bd. 40, Berlin 1977.

Kampen: Rechtsvergleichendes Stiftungsrecht, Deutschland - Amerika, 1980, S. 11 ff.

Kaser, M.: Handbuch des römischen Privatrechts, 1. Abschnitt, 2. Aufl., München 1971, 2. Abschnitt, 2. Aufl., München 1975.

— Römisches Privatrecht, Ein Studienbuch, 13. Aufl., München 1983.

Kastner: Grundriß des österreichischen Gesellschaftsrechts, 4. Aufl., 1983.

Kaufmann, A.: Existenz und Ordnung, FS Erik Wolf, 1962, S. 372.

Kaufmann, E.: Körperschaft (juristische Person), in: Handwörterbuch der deutschen Rechtsgeschichte (HRG) II, S. 1147 ff.

Kellenbenz, H.: Schwäbische Forschungsgemeinschaft bei der Komission für Bayerische Landesgeschichte, Reihe 4, Bd. 17, Studie zur Fuggergeschichte, hrsg. v. H. Kellenbenz, Band 26.

Keller, A.: Die Ausschließung aus dem Verein, Diss. Zürich 1979.

Kerling, H.: Die Entwicklung des Aktienrechts im deutschsprachigen Rechtsgebiet, Diss. Linz 1970.

Kersten, E.: Stiftung und Handelsgesellschaft, in: FS f. d. 45. Deutschen Juristentag, 1964.

Klang u. Bearbeiter: Kommentar zum ABGB, Erster Band, erster Halbband, Wien 1964.

Klaus, F.: Der Schutz des Vereinzweckes, Diss. Freiburg/Schweiz, Zürich 1977.

Kleiminger, R.: Das Heiligengeisthospital von Wismar in sieben Jahrhunderten, Weimar 1962.

Klein, F.: Das Recht des sozial-caritativen Arbeitsbereiches, Freiburg 1959.

Knecht, A.: System des Justinianischen Kirchenvermögensrechts, Stuttgart 1905.

König, J. H.: Die katholischen Körperschaften des Unterelsaß, Straßburg 1915.

Koziol / Welser: Grundriß des bürgerlichen Rechts, I, 5. Aufl., 1979.

Kronstein, H. u. a., in: Kölner Kommentar zum Aktiengesetz (im Erscheinen).

Kübler: Rechtsfähigkeit und Verbandsverfassung, 1971.

Kunkel, W.: Juristische Personen, in: Rvergl. HWB 4, 1933,S. 560 - 597.

Lampert: Die kirchlichen Stiftungen, 1916.

— Schweizerische Kirchenzeitung, 1924, S. 289 ff.

Lampert / Widmer: Wie gründet und leitet man einen Verein?, 3. Aufl., Zürich 1954.

Lange / Köhler: BGB – Allgemeiner Teil, 16. Aufl., 1977.

Larenz, K.: Lehrbuch des Schuldrechts, II, 11. Aufl., 1977.

— Allgemeiner Teil des deutschen Bürgerlichen Rechts, 5. Aufl., München 1980.

Lehmann, K.: Die geschichtliche Entwicklung des Aktienrechts bis zum Code Commerce, 1895.

— Das Recht der AG, 2 Bände, 1898 und 1904, Nachdruck 1964.

Lehmann / Hübner: Allgemeiner Teil des Bürgerlichen Gesetzbuches, 15. Aufl., Berlin 1966.

Leisner: Zum Selbstverständnis der Stiftungen, in: Deutsches Stiftungswesen, 1966 - 1976, S. 177.

Leist: Vereinsherrschaft und Vereinsfreiheit im künftigen Reichsrecht, 1899.

Lentze, H.: Die Erblaststiftung im mittelalterlichen Wien, in: Mitteilungen des Instituts für österreichische Geschichtsforschung, Bd. 68.

Lerner, F.: Die Frankfurter Patrizier Gesellschaft im alten Limburg und ihre Stiftungen, Frankfurt a. M. 1952.

Lessmann: Persönlichkeitsschutz juristischer Personen, AcP 170, S. 266.

Liehr / Stöberl: Der Verein, Wien 1983.

Liermann, H.: Handbuch des Stiftungsrechts, I. Band, Tübingen 1963.

— Die Stiftung als Rechtspersönlichkeit, in: Deutsches Stiftungswesen, 1948 - 1966, Arbeitsgemeinschaft Deutscher Stiftungen, 1968, S. 229.

Liver: Berner Kommentar zum ZGB, Einleitungsband, Bern 1962.

Löhlein, G.: Die Gründungsurkunde des Nürnberger Heiliggeistspitals von 1339, Sonderdruck aus „Mitteilungen des Vereins für die Geschichte der Stadt Nürnberg", 52. Bd., Nürnberg 1963 - 64.

Löning, E.: Geschichte des deutschen Kirchenrechts, 2 Bde., 1878.

Lübtow, v.: Bemerkungen zum Problem der juristischen Person, in: Studi in memoria di Paolo Koschaker, II, 1954.

Lutter, M.: Theorie der Mitgliedschaft, AcP 180, S. 84 ff.

Martinek, M.: Die Organhaftung nach § 31 BGB, Diss. Hamburg 1978.

Marty / Raynaud: Droit civil, Les Personnes, 3. Aufl., Paris 1975.

Mayer-Maly, Th.: Zeiller, das ABGB und wir, in: Forschungsband Franz v. Zeiller, Wien, Graz, Köln 1980, S. 1.

Meier-Hayoz: Gesellschaftszweck und Führung eines kaufmännischen Unternehmens, in: SAG, 1973, S. 2 ff.

Meier-Hayoz / Forstmoser: Grundriß des schweizerischen Gesellschaftsrechts, 2. Aufl., 1976.

Meile, A.: Verein und Genossenschaft, Diss. Bern 1947.

Meira, S.: Teixeira de Freitas, Brasilia 1983.

Merzbacher, F.: Zeitschrift für Rechtsgeschichte kanon. Abt., Bd. 84, S. 27 ff.

— Die Leprosen im alten kanonischen Recht, in: ZRG kanon. Abt., Bd. 53, 1967, S. 27 ff.

— Das Spital im Kanonischen Recht bis zum Tridentinum, Archiv für katholisches Kirchenrecht, Bd. 148, S. 72 ff.

Mestmäcker, E. J.: Soll das Stiftungsrecht bundesgesetzlich vereinheitlicht und reformiert werden ..., 44. DJT, Bd. II, 1962.

— in: Verhandlungen des Deutschen Juristentages, Sitzungsberichte, Bd. 44, 1964.

Mestmäcker / Reuter, in: Neuhoff / Pavel, Stiftungen in Europa, Abschnitt Deutschland, Baden-Baden 1971, S. 109 ff.

Meyer-Cording, U.: Die Vereinsstrafe, Tübingen 1957.

Michalski: Gesellschaftsrechtliche Gestaltungsmöglichkeiten zur Perpetuierung, 1980.

Michoud, L.: La théorie de la personnalité morale, 2. Aufl., Paris 1924.

Militzer, K.: Das Markgröninger Heilig-Geist-Spital im Mittelalter. Ein Beitrag zur Wirtschaftsgeschichte des 15. Jahrhunderts, Sigmaringen 1975.

Mitteis, H. / *Lieberich:* Deutsche Rechtsgeschichte, 17. Aufl., 1985.

Mitteis, L.: Römisches Privatrecht, I. Grundbegriffe und Lehren von den juristischen Personen, 1908.

Molitor / Schlosser: Grundzüge der Neueren Privatrechtsgeschichte, 2. Aufl., Karlsruhe 1975.

Mörsdorfer, K.: Lehrbuch des Kirchenrechts, I. u. II. Bd., 1963 u. 1967.

Mugdan, B.: Die gesammten Materialien zum Bürgerlichen Gesetzbuch für das Deutsche Reich, Berlin 1899.

Müller, E.: Zur Frage der Nichtigkeit von Familienstiftungen, SJZ, 1930/31, S. 61 ff.

Müller, F.: Korporation und Assoziation, 1965.

Müller-Freienfels: Zur Lehre vom sogenannten Durchgriff bei juristischen Personen, AcP 156, S. 522.

— Stellvertretungsregelungen in Einheit und Vielfalt, Frankfurt a. M. 1982.

Münchener Kommentar zum BGB I, Allgemeiner Teil, hrsg. v. Säcker, 1978.

Muret, P.: La notion de but dans les sociétés et les fondations ..., Thèse Lausanne 1941.

Naß, G.: Person, Persönlichkeit und juristische Person, Schriften zur Rechtstheorie, Heft 2, Duncker & Humblot, Berlin 1964.

Nebiger / Rieber: Genealogie des Hauses Fugger von Lilie (Stammtafeln), in: Schwäbische Forschungsgemeinschaft b. d. Kommission für Bayerische Landesgeschichte, Reihe 4, Bd. 17, Studie zur Fuggergeschichte, hrsg. v. H. Kellenbenz, Tübingen 1978.

Nipperdey, H. C.: Die Rechtslage der Carl-Zeiss-Stiftung seit 1945, in: FS Schmidt-Rimpler, 1957.

Nitsch und Mitarbeiter: Das Spitalarchiv zum Heiligen Geist in Schwäbisch Gmünd, Inventar der Urkunden, Akten und Bände. Hrsg. v. der Archivdirektion Stuttgart, Karlsruhe 1965.

Nitschke: Die körperschaftlich strukturierte Personengesellschaft, 1970.

Ofner: Der Urentwurf und die Beratungsprotokolle des österreichischen ABGB, 2 Bde., 1889.

Ogris, W.: Der mittelalterliche Leibrentenvertrag, in: Wiener rechtsgeschichtliche Arbeiten, Band VI, 1961.

— Die Rechtsentwicklung in Österreich 1848 - 1918, Wien 1975.

Ostheim, R.: Zur Rechtsfähigkeit von Verbänden im österreichischen bürgerlichen Recht, Wien, New York 1967.

Otto, W.: Priester und Tempel im hellenistischen Ägypten, I und II, 1905 - 1908.

Palandt / Heinrichs: Bürgerliches Gesetzbuch, 44. Aufl., München 1985.

Patry, R.: La nullité des décisions des organes sociaux dans la société anonyme, Mélanges Roger Secrétan, 1964, S. 227 ff.

Pavel, O.: Stiftungen: Schweiz, in: Stiftungen in Europa, 1971.

Pawlowski: Allgemeiner Teil des BGB, 2 Bde., 1972.

Perger / Brauneis: Die mittelalterlichen Kirchen und Klöster Wiens, Wiener Geschichtsbücher, Bd. 19/20, S. 244.

Pfaff / Hofmann: Kommentar zum ABGB I u. II und „Exkurse" über das österreichische Allgemeine bürgerliche Recht, 1877 - 1887.

Philipsborn, A.: Der Begriff der juristischen Person im römischen Recht, in: ZRG, Bd. 71, rom. Abt., Weimar 1954.

Planitz: Quellenbuch der deutschen, österreichischen und schweizerischen Rechtsgeschichte einschließlich des Privatrechts, 1948.

Pleimes, D.: Weltliches Stiftungsrecht, Weimar 1938.

— Die Rechtsproblematik des Stiftungswesens, Weimar 1938.

— Irrwege der Dogmatik im Stiftungsrecht, 1954.

Plöchl, W. M.: Geschichte des Kirchenrechts, Band V, 1969.

Pölnitz, G. v.: Die Fugger, Frankfurt a. M. 1967.

Pufendorf, S.: De jure naturae et gentium libri VIII, 1672.

Primetshofer, B.: Ordensrecht, 1970, 2. Aufl., Freiburg 1979.

Puchta, F. G.: Pandekten, 1. Aufl. 1838, 12. Aufl. hrsg. v. Schirmer 1877.

Rabel: Grundzüge des römischen Privatrechts, 2. Aufl., 1955.

Radbruch, G.: Einführung in die Rechtswissenschaft, 9. Aufl., besorgt von K. Zweigert, 1952.

Reich: Selbständige und unselbständige Stiftungen, Diss. Heidelberg 1921.

Reichardt, F.: Die Vertretungsmacht der Vereinsorgane, St. Gallen 1946.

Reicke, S.: Das deutsche Spital und sein Recht im Mittelalter, in: Kirchenrechtliche Abhandlungen, 111. u. 112. Heft, Erster Teil: Geschichte und Gestalt, 113. u. 114. Heft, Zweiter Teil: Das deutsche Spitalrecht, Stuttgart 1932.

— Stiftungsbegriff und Stiftungsrecht im Mittelalter, ZRG, germ. Abt., Bd. 53, S. 247 ff.

Reuter, in: Münchener Kommentar zum Bürgerlichen Gesetzbuch, Bd. I, Allgemeiner Teil, Vor § 80 und § 85.

— Die Bestandssicherung von Unternehmen, AcP 181, S. 1 ff.

Riemer, H. M.: Die Stiftungen, Berner Kommentar, Bd. V/3, Systematischer Teil, Bern 1975.

Rhode: Juristische Person und Treuhand, 1932.

Rink: Wirtschaftsrecht, 1963, S. 296.

Rittner: Die werdende juristische Person, 1973.

Röhrig, F.: Die Gründung des Stiftes Klosterneuburg.

— Das Leben des heiligen Leopold.

— Der hl. Markgraf Leopold III. von Österreich, Bavaria Sancta, Bd. 2, Regensburg 1971, alle in: Der Heilige Leopold, Stift Klosterneuburg, hrsg. v. Amt der Niederösterreichischen Landesregierung, Wien 1985.

Rosshirt: Über juristische Personen, AcP 10, S. 313 ff.

Roth, P.: Über Stiftungen, Iherings Jahrbuch, Bd. 1, S. 189 ff.

Roth, v.: System des Deutschen Privatrechts, Tübingen 1880.

Rotter: Zur Funktion der juristischen Person in der Bundesrepublik und in der DDR, 1968.

Ruf, N.: Das Recht der Katholischen Kirche, Freiburg 1984.

Santer / Schweyer: Der eingetragene Verein, 9. Aufl., 1974.

Savigny, F. C. v.: Das System des heutigen Römischen Rechts, II, Berlin 1840.

Schairer: Aufgabe, Struktur und Entwicklung der Stiftungen, 1958.

Scheuerl, A. v.: Familienstiftung, AcP, 77, S. 243 ff.

Scheuner, in: Gedächtnisschrift für Karl Peters, 1967, S. 797 ff.

Scheyhing, D. B.: Zur Geschichte des Persönlichkeitsrechts im 19. Jahrhundert, in: AcP, 158, 1959 - 60, S. 503 ff.

— Stiftungsunternehmen als Grundlage einer neuen Konzeption der Beziehungen im Unternehmen und Betrieb, 1983.

Schiffner, L.: Syst. Lehrbuch des österreichischen allgemeinen Civilrechts, I, Wien 1882.

Schikorski, F.: Die Auseinandersetzung um den Körperschaftsbegriff in der Rechtslehre des 19. Jahrhunderts, in: Schriften zur Rechtsgeschichte, Heft 17, Diss. Berlin 1978.

Schiller, Th.: Stiftungen im gesellschaftlichen Prozeß, 1969.

Schmidlin, B.: Der Begriff der bürgerlichen Freiheit bei Franz v. Zeiller, in: Forschungsband Franz von Zeiller, Wien, Graz, Köln 1980.

Schnizer, H.: Die juristische Person in der Kodifikationsgeschichte des ABGB, FS Walter Wilburg, Graz 1965, S. 143ff.

Schönenberger, W.: Schweizerisches Zivilgesetzbuch, Zürich 1976.

Schönfeld, W.: Die Xenodochien in Italien und Frankreich, in: ZRG, kan. Abt., 12, 1922, S. 1ff.

— Rechtsperson und Rechtsgut, in: RG Praxis im deutschen Rechtsleben, II, 1929, S. 191ff.

Schönsteiner, F.: Grundriß des Ordensrechts, 1930.

Schreiber, G.: Byzantinisches und abendländisches Spital, Zur Spitalordnung d. Pantokrator, in: Byzant. Z. Nr. 42, 1943, S. 116ff.

— Tridentinische Reformdekrete in deutschen Bistümern, in: ZRG, kan. Abt. Nr. 38, 1952, S. 395ff.

Schultze-v. Lasaulx, in: Soergel / Siebert, BGB, Kommentar, 10. Aufl., 1967 - 1975, § 21ff.

Schumann, H.: Zur Haftung der nicht rechtsfähigen Vereine, 1956.

Schürle, W. W.: Das Hospital zum heiligen Geist in Konstanz. Ein Beitrag zur Rechtsgeschichte des Hospitals im Mittelalter, Konstanzer Geschichts- und Rechtsquellen, Bd. 17, Sigmaringen 1970.

Schwab, D.: Einführung in das Zivilrecht, 4. Aufl., 1980.

Schweizerische BGE zu Personalfürsorgeeinrichtungen: BGE 72, I, S. 100, 75, I, S. 228ff.

Schwerin, C. v.: Grundzüge des deutschen Privatrechts, Berlin, Leipzig, 2. Aufl., 1928.

Schwind, E. v.: Deutsches Privatrecht, Wien, Leipzig 1921.

Schwind, F.: Römisches Recht I, Geschichte, Rechtsgang, Systematik des Privatrechts, 1950.

Seeberg / Elverfeldt: Das Spitalarchiv Biberach a.d. Riß, 2 Bde., Urkunden 1258, 1534, 1843.

Seigel, R.: Spital und Stadt in Altwürttemberg. Ein Beitrag zur Typologie landstadtscher Spitäler Südwestdeutschlands, Veröffentlichungen des Stadtarchivs Tübingen, 3, Tübingen 1966.

Semmler, J.: Ordensregel, in: Handwörterbuch zur deutschen Rechtsgeschichte, HRG, III. Bd., Sp. 1281ff., Berlin 1984.

Serick: Rechtsform und Realität juristischer Personen, in: Beiträge zum ausländischen und internationalen Privatrecht, Bd. 26, 1955.

Siegwart, A.: Zürcher Kommentar zum Obligationenrecht, Bd. V, 4. Teil, Personengesellschaften, Art. 530 - 619, Zürich 1938.

Specker, C.: Die Abgrenzung des Vereins von der wirtschaftlichen Verbandsperson, Diss. Freiburg 1948.

Siepken, K.: Vermögensrecht der klösterlichen Verbände, 1963.

Simnacher, G.: Die Fuggertestamente des 16. Jahrhunderts, I., Darstellung, Studien zur Fuggergeschichte, Bd. 16, hrsg. v. G. v. Pölnitz.

Slapnicka, H.: Die sozialistische Kollektivperson, 1969.

Sohm / Mitteis / Wenger: Institutionen des Römischen Rechts, 17. Aufl., Berlin 1939.

Soergel / Neuhoff: Kommentar zum BGB, 11. Aufl. Bd. 1, Allgemeiner Teil, Stiftungen, §§ 80 - 88 BGB.

Sotgia: Elemento formale ed elemento materiale della persona juridica secondo il nuovo codice civile, Nuova riv. dir. comm. 3, II, 1950, S. 1 ff.

Stadt Zürich: Die städtischen Separatfonds und Stiftungen, Zürich 1931.

Stammer, O.: Das österreichische Bundes-Stiftungs- und Fondsgesetz, Wien 1975.

— Handbuch des österreichischen Stiftungs- und Fondswesens, Eisenstadt 1983.

Staudinger / Coing: Kommentar zum Bürgerlichen Gesetzbuch, Allgemeiner Teil, 12. Aufl., 1978; Vorb. zu §§ 80 - 88, Rdn. 29 ff., zur Rechtsvergleichung der Stiftung; ebendort: Juristische Personen, Einl. zu §§ 21 - 89, Rdn. 14, 15, 19 hinsichtlich der Anstalt und Stiftung sowie zu den juristischen Personen des öffentlichen Rechts.

Steiger, F. v.: Keine Vereine mehr zu wirtschaftlichen Zwecken, Schweizer Aktiengesetz Nr. 35, 1962 - 63, S. 198 ff.

Steinwenter: ZRG, kan. Abt., Band 19.

Stettler, M.: Die bernischen Familienkisten, in: ZBJV 58, 1922, S. 97 - 145 ff.

Steynitz, J. v.: Mittelalterliche Hospitäler der Orden und Städte, in: Sozialpolitische Schriften Nr. 26, 1970.

Stifel, F. J.: Die privatrechtliche Auflage insbesondere nach schweizerischem Recht, Diss. Zürich 1933.

Stillhart, A.: Die Rechtspersönlichkeit der klösterlichen Verbandsformen nach kanonischem und schweizerischem Recht, 1953.

Stobbe / Lehmann: Deutsches Privatrecht, II, 1, Berlin 1896.

Stollwerk, A.: Zur Geschichte des Hospitals zum Hl. Geist und des Gotteshauses zu Boppard, Veröffentl. der Arbeitsgemeinschaft für Landesgeschichte und Volkskunde im Regierungsbezirk Koblenz, 2, Boppard 1961.

Stradal: Die Genossenschaft, HRG I. Bd., S. 1524.

Strickrodt, G.: Die Stiftung als neue Unternehmensform, 1951.

— Unternehmen unter frei gewählter Stiftungssatzung, 1958.

— Stiftungsrecht und Stiftungswirklichkeit, JZ 1961, S. 111.

— Der rechtsfähige Verein stiftungsartiger Struktur, NJW, 1964, S. 2084.

— — Ordnungsaufgabe und Leistungsidee der Funktionsträgerstiftung . . ., in: Deutsches Stiftungswesen 1966 - 1976, S. 323.

— Stiftungsrecht, Loseblattsammlung Stand 1972, in Buchform 1977.

Stöber: Vereinsrecht, 2. Aufl., 1976.

Strub, A.: Die Ungültigkeit von Generalversammlungsbeschlüssen der AG, Abhandlung schweiz. Recht, NF 350, Bern 1963.

Stubenrauch: Kommentar zum ABGB, 1. Aufl. 1853, 8. Aufl. 1902.

Stutz, U.: Kirchenrecht, in: Encycl. d. Rechtswiss. v. Holtzendorff und Kohler, V, 1915, S. 279 ff.

— Die Verwaltung und Nutzung des kirchlichen Vermögens, Diss. Berlin 1892.

— Ausgewählte Kapitel aus der Geschichte der Eigenkirche und ihres Rechts, 1937.

Sydow, J.: Spital und Stadt in Kanonistik und Verfassungsgeschichte, Vf 13, 1970.

Schwinge: Die Stiftung im Errichtungsstadium, BB, 1978, S. 527.

Tecklenburg, A.: Wahl und Beschluß, Arch. f. Bürgerliches Recht, 43, S. 168 ff.

Terré, F.: La distinction de la société et de l'association en droit français, Melanges R. Secrétan, Montreux 1964, S. 325 ff.

Thieme, H.: Die Zeit des späten Naturrechts, Eine privatrechtsgeschichtliche Studie, ZRG germ. Abt. 56, Breslau 1936, S. 202.

— Die preußische Kodifikation, Eine privatrechtsgeschichtliche Studie, II, ZRG germ. Abt. 57, Breslau 1937, S. 355.

— Das Naturrecht und die europäische Privatrechtsgeschichte, 2. Aufl., 1954.

Thomasius, L.: Vetus et nova ecclesiae disciplina, Venedig 1730.

Thoss: Das subjektive Recht in der gliedschaftlichen Bedeutung, 1968.

Trabucchi: Istituzioni di Diritto civile, 15. Aufl., Padova 1966, 23. Aufl., Padova 1978.

Troeger, H.: Die Carl-Zeiss-Stiftung im Licht der Wettbewerbsordnung, 1954.

Toepke, U. P.: Staatsaufsicht über Stiftungen . . ., Diss. Hamburg 1967.

Tuor, P.: Verfügungen von Todeswegen, XXI, Bedingungen und Auflagen, SJK Nr. 851, Genève 1945.

Tuor / Schnyder: Das schweizerische Zivilgesetzbuch, 9. Aufl., Zürich 1975.

Vareilles / Sommières: Les personnes morales, Paris 1949.

Vischer, F.: Beteiligung der Betriebsangehörigen am Aktienkapital der Gesellschaft, SAG, 37, 1965, S. 1 ff.

Wacha, G.: Die Verehrung des heiligen Leopold, in: Der Heilige Leopold, Stift Klosterneuburg, hrsg. v. Amt der Niederösterreichischen Landesregierung, Wien 1985.

Wackernagel, Ph.: Die öffentlichen Sammlungen zu wohltätigen und gemeinnützigen Zwecken, Jahrbuch 38, Diss. Basel 1959, S. 21 ff.

Weber, W.: Die Körperschaften, Anstalten und Stiftungen des öffentlichen Rechts, 2. Aufl., 1943.

— Handwörterbuch der Sozialwissenschaften, 6, S. 40.

Wehrli, M.: Mitbeteiligung der Arbeitnehmer durch Belegschaftsaktien, ZBR Nr. 322, Diss. Zürich 1969.

Weiland, B. H.: Die Rechtsstellung des Lizenzspielers, Diss. Frankfurt a. M. 1980.

Welser / Rummel: Kommentar zum Allgemeinen bürgerlichen Gesetzbuch, Wien 1983.

Welzel, H.: Die Naturrechtslehre Samuel Pufendorfs, Berlin 1958.

Wertheimer, M.: Die Organisation des Vereins nach dem Schweizerischen Privatrecht, Diss. Zürich 1928.

Wesenberg / Wesener: Neuere deutsche Privatrechtsgeschichte, 3. Aufl., Lahr 1976.

Wieacker, F.: Aufstieg, Blüte und Krisis der Kodifikationsidee, FS Boehmer, 1954.

— Privatrechtsgeschichte der Neuzeit, 2. Aufl., Göttingen 1967.

— Zur Theorie der juristischen Person des Privatrechts, FS Huber, 1973.

Wiedemann, H.: Gesellschaftsrecht, Bd. I, München 1980.

Windscheid, B.: Lehrbuch des Pandektenrechts, I, 7. Aufl., Frankfurt a. M. 1891.

Wolf, E.: Über die Verknüpfbarkeit einer Familien-AG mit einer Familienstiftung, in: SAG, 37, 1965, S. 225 ff.

Wolf, Erik: Große Rechtsdenker: Samuel von Pufendorf, 1632 - 1694.

Wolf, Ernst: Allgemeiner Teil des Bürgerlichen Rechts, 2. Aufl., 1976.

Wolf / Naujoks: Anfang und Ende der Rechtsfähigkeit des Menschen, Frankfurt a.M. 1955.

Wolff, Christian: Jus Naturae II, Frankfurt a. M, Leipzig 1740, Nachdruck: Christian Wolff Gesammelte Werke, II, Abt. Lat. Schriften, Bde. 17 - 24, Hildesheim, New York 1968 - 1972.

Wolff, H. J.: Organschaft und juristische Person, I, 1933, II, 1934.

Wolff / Bachof, Verwaltungsrecht, II, 10. Aufl., 1976.

Zeiller, F. v.: Commentar über das ABGB, Wien, Triest 1811 - 1813, 4 Bde. u. 1 Reg. Band.

— Das natürliche Privatrecht, 3. Aufl., Wien 1819.

Zitelmann: Das Wesen der juristischen Person, 1873.

Zöllner, W., in: Kölner Kommentar zum Aktiengesetz (im Erscheinen).

Zweigert / Kötz: Einführung in die Rechtsvergleichung, I, 1971, II, Tübingen 1969.

Printed by Libri Plureos GmbH
in Hamburg, Germany